Les adultes qui passent du temps dans la nature
deviennent des enfants plus heureux

Photographies & textes
Kares Le Roy
karesleroy.com | karesleroy@gmail.com

Photographies additionnelles & carte
Charline Gerbault
(pages : 49, 54, 59, 77, 86 et 171)

Assistance éditoriale & relecture
Diego Santaren

13, rue de Domrémy 33 000 Bordeaux
www.editionselytis.com

Diffusion :
harmonia mundi livres
ISBN : 978-2-35639-377-7

Cabane{s}

Kares Le Roy
& La Famille Cherokee

ELYTIS

Lans-en-Vercors
1er janvier 2021

La vue du chalet familial de Lans-en-Vercors

Notre vieille Jeep Cherokee perdue dans le décor glacé du village de Lans-en-Vercors

« Le monde ne sera peut-être plus jamais comme avant ». Soucieux, je me répète inlassablement cette formule incantatoire depuis plusieurs semaines. Nous sommes le 1er janvier 2021, et bientôt, je soufflerai mes quarante bougies. J'avais jusqu'alors connu une existence marquée par le vagabondage, savourant chaque instant d'une liberté absolue quand deux événements majeurs sont venus bouleverser ma vie. Des tournants qui sans aucun doute façonneront les années à venir. Le premier est l'arrivée de mon fils ; le second est la pandémie qui a imposé un enfermement radical d'une grande partie de la planète.

Absorbé dans mes pensées, je contemple les montagnes de Lans-en-Vercors revêtir une parure immaculée de neige blanche, telle une toile vivante qui tenterait d'apaiser mes ruminations en m'offrant une touche de subtilité. Vues des fenêtres du chalet, les roues de la Jeep ont l'air bloquées par la glace comme pour marquer davantage cet immobilisme forcé. Une myriade de complications vient obscurcir mon esprit ; tout ce que j'ai entrepris au cours de la dernière décennie est remis en question : la sortie de mon dernier livre, *Iran Immortel*, est étouffée par la fermeture des librairies, les expositions sont reportées, voire annulées, et la perspective de belles collaborations semble s'envoler dans le même nuage de fumée qui s'échappe du poêle. Je l'admets, je sombre dans la mélancolie. Seuls le sourire de mon fils et les éclats de rire de ma compagne parviennent à apaiser ma détresse grandissante. Il est temps de se réinventer. Si certaines frontières demeurent closes, celles de mon pays natal pourraient devenir les limites d'un territoire aux aventures délicieuses. Charline, ma compagne, vient de dénicher une vieille carte Michelin dans les tiroirs de son père pour nous aider à rêver. L'Hexagone aux six frontières terrestres, bordé

par deux mers et un océan, est plié en vingt-quatre morceaux égaux. Moi qui n'ai jamais photographié la France, dénigrant presque ce qui me paraissait trop ordinaire, je perçois dans cette idée un défi personnel qui me sortirait à nouveau de ma zone de confort.

Comme une idée folle qui avait soudain mûri, je propose à ma moitié de faire le tour de France des cabanes. Une bonne excuse pour se reconnecter à la nature après avoir passé des mois enfermés dans les 40 m² d'un appartement parisien sans lumière et dont les seuls points verts étaient quelques cactus et un grand yucca. Je m'étais promis qu'au déconfinement, je partirais me perdre seul en forêt. Mon fils Ysma n'était pas encore né à ce moment-là ; maintenant, ma seule envie est de fuir avec les miens. Il ne faut pas trop cogiter. Par expérience, la plupart des grandes décisions se prennent en quelques heures ; alors, le soir même, j'écris dans un carnet les contours de ce projet. Les idées fusent car Charline a déjà dans ses notes personnelles tout un tas de références et de lieux exceptionnels que l'on devrait immanquablement visiter. De plus, nous avons tous les deux l'amour des cabanes. Depuis que l'on se connaît, elles ont souvent été un lieu de rendez-vous, un point de chute pour une entrevue entre deux voyages, une adresse avant un départ, un endroit où s'isoler en tête à tête et se retrouver après un retour et des mois d'absence. Aujourd'hui, la simple idée de regarder notre fils grandir en montant les marches d'escaliers en bois bâtis au milieu de forêts ou au bord d'un lac ravive mon esprit éteint depuis des mois. Un voyage sans visa ni passeport et, surtout, sans changer de pays…

Cette odyssée est une promesse de jours humides, de balades en forêt sous la pluie, notre fils dans un portage. Toutes ces images me laissent rêveur et m'offrent un second souffle.

Permettez-moi d'aller plus loin dans le passé, quatre mois auparavant, au cœur de ces premières semaines baignées d'innocence, juste après la naissance de notre fils. C'était une période idyllique, bien avant que les soucis ne viennent tisser cette toile dense et que je ne me trouve englouti dans les remous de la remise en question, essayant de repenser ma conception de l'aventure, de revisiter ma manière de voyager.

Nous étions à la fin de l'été 2020 et, à ce moment-là, mon esprit était étrangement exempt de questionnements. Submergés par un raz-de-marée d'émotions, nous errions joyeusement sur les routes sinueuses de l'Hexagone, avec pour noble dessein de présenter notre tendre héritier à ceux qui nous étaient chers.

Après un mois caniculaire, Ysma s'apprêtait à faire l'expérience, en terre occitane, de la douceur de sa première cabane. Il faut dire qu'à ce stade de notre histoire, nous étions à mille lieues d'imaginer le concept même de ce voyage monumental, qui se dessinerait quelques mois plus tard.

L'Étrier des Cabanelles

43.8128072, 3.8868578

Hérault

Nous avons réussi à nous évader, furtifs et libres, durant quelques précieuses heures, quelques jours suspendus hors du temps… Une pause bien méritée au beau milieu d'un voyage de présentation, long et épuisant. Ysma, qui n'a pas deux mois, a déjà croisé le regard d'une multitude de visages familiers, dispersés dans toute la France. Charline, dans un élan de sagesse, a fait une trêve à nos obligations en réservant deux nuits dans une cabane sereine et solitaire, nichée dans les replis de Valflaunès, au cœur de l'Hérault.

Ici, nous nous retrouvons en marge du monde, même si les lumières de Montpellier scintillent à seulement une demi-heure de route. La nature nous offre un refuge et un exotisme bienvenus ; seul le bruit rythmé des sabots des chevaux fait écho dans le calme. La Jeep est pleine à ras bord de sacs démesurés. Nous qui sommes d'ordinaire des voyageurs légers, nous avons embarqué bien plus que le nécessaire. Je décharge ce qui semble essentiel tandis que Charline, tel une madone moderne, donne le sein à notre fils dont les cris résonnent comme un appel primaire à la vie. Il a raison. Sa vie en dépend.

Manger, boire, dormir, observer les vignes ondoyantes et la garrigue sauvage qui s'étendent au pied du pic Saint-Loup… Voilà les seules obligations qui nous incombent ici. Un chemin discret, en retrait des écuries, mène à notre nid douillet. Il prend la forme d'un cocon, pointant son sommet vers le ciel. Une pièce unique, ouverte sur l'extérieur, une terrasse avec une vue époustouflante sur une falaise de calcaire, l'Hortus. Une fracture dans le paysage.

Nous attendons la chute du jour sans un mot superflu, sans un regard en trop. La maîtresse des lieux nous rend visite, une apparition silencieuse, pour s'assurer de notre confort, puis s'éclipse aussi doucement qu'elle est apparue, guidant son cheval blanc par les rênes.

Les Galants / 47.4842499, 3.0430607 / Nièvre

L'enclave pittoresque de Saint-Vérain en Puisaye est située à deux heures au sud de Paris. C'est dans ce recoin charmant de la Nièvre que Xavier a imaginé et conçu quatre nids suspendus dans les frondaisons : le Nid sur l'Eau, le Nid Sphère, le Nid Penché et le Nid sous les Étoiles.

Le refuge que nous avons choisi pour notre séjour est un symbole de symbiose parfaite entre le bois et le verre. Arrimé à un vénérable chêne à six mètres du sol, il trône solitaire dans une forêt dénudée par un rude hiver. Allongés sur le grand lit, nous sommes comme noyés dans un océan d'arbres magnifié par les vitres qui cerclent la structure. Au petit matin, nous sommes encore blottis sous des couvertures épaisses ; la lumière, filtrée par la toiture transparente et dépourvue de rideaux, nous tire doucement du sommeil. Cette expérience sublime perchée dans un bijou de verdure, gardée par un rempart d'arbres séculaires, restera gravée à jamais dans nos cœurs. L'hiver vient à peine de commencer et, déjà, une myriade de cabanes sont inscrites sur notre carte, comme autant de promesses d'aventures à venir.

Là-Haut

45.5329082, 6.0581027

Savoie

Un tableau majestueux s'étire devant nous : une forêt luxuriante de pins et de hêtres bordant le lac naturel de La Thuile, perdu dans le cœur secret des Bauges en Savoie. Le décor est planté, le rideau se lève, et les cabanes se dévoilent. Se mêlant à la danse des arbres et au chant de la faune, elles se fondent dans le paysage comme des notes de musique dans une symphonie. Approchant du lac, leur présence se devine à peine parmi les silhouettes sylvestres.

Là-haut, les cabanes bâties en mélèze présentent une architecture d'une simplicité élégante, chacune bénéficiant d'un emplacement qui la rend unique. Franchissez la porte, et vous êtes immergés au cœur de la nature. Ici, point de superflu. Pas de douche, juste un lavabo et de l'eau froide, des toilettes sèches et un poêle à bois pour parer au froid.

Nous sommes le 7 février. Je saisis à présent que, dans ces temps incertains et troublés, cette escapade est une bulle salvatrice, une oasis régénératrice.

Lorsque nous quittons enfin la cabane, je griffonne un mot dans le livre d'or et signe pour la première fois « La Famille Cherokee ». Ce surnom, venu spontanément, résonne dans ma tête tout le reste de la journée. C'est exactement cela : nous sommes des Cherokee, des « indiens ». Non pas dans le sens des peuples autochtones d'Amérique, mais en résonance avec le nomadisme. Nous sommes libres, dans un monde confiné. Équipés de notre vieille Jeep et habités par une curiosité insatiable, tout ce dont nous avons besoin est ici, dans ce pays magnifique. Avec ses mille paysages, la France est vaste et le chemin qui s'ouvre devant nous semble illimité.

Dans les Bois

43.2438849, 2.4154767 / Aude

Ce lundi 5 avril 2021 marque le départ de notre tour de France des cabanes. Alors que les flammes de mes quarante bougies viennent de s'éteindre dans l'ivresse d'une fête organisée dans un hameau du Tarn, nous prenons la voiture en direction du Languedoc-Roussillon. J'embrasse enfin ce rêve, bâti en famille, qui a nécessité trois mois d'organisation. Le bonheur semble nous attendre au bout de cette route sinueuse, serpentant à travers la montagne Noire du Pays cathare, un des contreforts du Massif central. Notre rendez-vous avec les cabanes Dans les Bois est fixé depuis plusieurs semaines. Pourtant, l'écho d'une annulation de dernière minute reste toujours présent dans un coin de mon esprit. Des règles nouvelles ont instauré un couvre-feu, bousculant ainsi notre programme initial.

Vers 17 h, alors que la lumière du jour commence à faiblir, nous atteignons enfin les cent-douze hectares de forêt et de sous-bois du domaine agricole de Fourtou à Villalier. Inutile de chercher l'isolement. La France est en plein confinement. Le deuxième, le troisième, je ne saurais même plus dire. Chaque village que nous traversons semble inhabité et la cité médiévale de Carcassonne a des airs de décor de film dont les acteurs auraient disparu.

Ici, l'idée audacieuse des propriétaires est de concevoir un hôtel d'un autre genre, où les chambres se muent en cabanes et les couloirs en sentiers. On peut facilement s'y égarer tant la végétation s'avère dense. La Cassine, avec sa forme octogonale, est la cabane emblématique du domaine. Vue de haut, on pourrait s'imaginer dans une forêt scandinave. À peine franchi le seuil, le charme opère. Nous avons les clefs pour trois jours et comptons bien en profiter pour explorer les alentours du lac de Cavalière, longer le canal du Midi, même face aux vents froids du printemps naissant.

Arbrakabane

43.3044021, 0.9102056

Haute-Garonne

En quelques jours de voyage, nous nous enfonçons petit à petit dans un dépaysement total. Après avoir emprunté un chemin bordé de champs de colza jaune vif, on est frappé par l'atmosphère paisible du lieu. Le domaine d'Arbrakabane se situe sur les coteaux du Comminges, face aux premiers sommets pyrénéens. Je suis accueilli par Marie devant sa belle maison en pierre ; elle m'explique qu'elle et son mari ont quitté le tumulte de la ville il y a quelques années, pour venir s'installer ici. Fiers d'avoir tout défriché et retapé eux-mêmes, elle tend le bras : « Voici la clef de votre chambre d'hôtes dans les arbres, vous allez adorer ».

Les deux cabanes sont abritées par des chênes majestueux qui surplombent les collines et le village de Fabas. Une échappée belle pour explorer une Haute-Garonne bucolique. On accède à la cabane Jaspée par un escalier qui mène à un premier palier. De là, on gravit d'autres marches pour atteindre la terrasse de la cabane, juchée à plus de six mètres de haut. C'est un envol, dans tous les sens du terme, avec le vertige pour compagnon ! Il est impensable de laisser notre fils seul une seconde. Heureusement que son petit corps trouve place dans le panier, remplaçant le repas qui y était initialement déposé. À son âge, le monde est une source inépuisable d'émerveillement. Une simple feuille saisie par sa main potelée le captive durant de longues minutes. En le voyant si fasciné au milieu de ce décor, alors que nous étions enfermés il y a peu, je ne peux que me sentir ému.

Pyrène / 42.9525324, 0.5848278 / Hautes-Pyrénées

Lieu féerique et intemporel. Il n'y a pas d'autres mots pour décrire ce domaine et les cabanes construites à la cime des arbres, au pied des Pyrénées, à la croisée des chemins de la vallée de la Barousse et du Luchonnais. Là, bois, feuillages, ruisseaux et granit se confondent en un paysage singulier, comme les pages d'un ancien grimoire s'ouvrant sur des légendes locales.

Pitalaya, notre cabane, porte d'ailleurs le doux nom d'une fée, tisseuse infatigable de fils d'or. La magie de ces lieux se révèle dès les premières marches d'un escalier central, qui s'élève en colimaçon sur sept mètres vers le ciel. On pénètre dans la cabane par une trappe coulissante, nous catapultant directement au cœur des branches, car ici, les arbres sont intégrés à la structure. De la terrasse, on ne peut que laisser voguer notre imagination en observant dans la lumière du soir les biches et leurs faons qui ont pour habitude de se reposer sous ces habitats de bois. On a l'impression d'être face à une illustration de livre de contes pour enfants.

Des eaux du lac de Bethmale au lac d'Oô, nos après-midi sont consacrés à des randonnées solitaires là où, en cette saison, les foules devraient grouiller. Déconnectés du temps et des tentatives de soirées cachées que des amis parisiens tentent d'organiser pour se divertir, il n'aura pas fallu plus d'une semaine pour plonger dans une autre réalité.

Ferme de Trencalli

43.5957261, -0.0390157

Hautes-Pyrénées

Palombière : mirador permettant l'observation et la chasse des oiseaux migrateurs

Au cœur d'un vignoble qui s'étend sur les coteaux du Madiranais est sis un lieu d'un isolement exceptionnel, marqué par le caractère d'imposants pins parasols qui étirent leurs silhouettes au-dessus du bâtiment principal. Leur présence est une énigme en cette région, et pourtant, c'est précisément ce qui fait tout son charme ! Ysma, émerveillé, observe une portée de cochons lorsque la voix de Stéphane retentit derrière nous. « Bienvenue à Trencalli ». Sa ferme a été pensée dans une démarche de développement durable pour un élevage écologique d'animaux. Ânes, chevaux, vaches de Jersey, moutons et toute la basse-cour cohabitent paisiblement. Après une conversation à la fois brève et chaleureuse, Stéphane fait démarrer son tracteur et installe deux chaises en bois dans la benne arrière qui facilite les déplacements sur les vingt hectares du domaine. On apprécie la lenteur et ça n'en sera que plus intéressant. À droite, un paon fait la roue, éloignant les oies importunes ; à gauche, des faons nous scrutent de leurs regards curieux. Sur ce sentier, Stéphane nous guide à travers son univers, jusqu'à nous dévoiler un trésor caché : une cabane flottante qui va et vient sur un étang ombragé. Une pluie délicate ajoute une touche de poésie à ce moment suspendu.

Après notre balade, il nous laisse seuls, devant une passerelle de bois qui s'étire jusqu'à la cabane où nous passerons la nuit. Un perchoir dans les arbres, composé de bois et de roseaux, bâti au-dessus du parc des cervidés. Posés dans le salon, nous terminons la journée à observer le ballet des cerfs, des daims et des biches à travers de larges baies vitrées, savourant le spectacle hypnotique que la nature nous offre.

Château des Fousseries

43.9862651, 0.3354049

Gers

Il y a des cabanes pensées pour une nuit et d'autres bâties pour une vie. Celle qui est construite au cœur de l'Armagnac dans le parc du château des Fousseries offre le plus grand confort. C'est un refuge inattendu qui s'élève à cinq mètres de hauteur à l'ombre d'un gigantesque pin méditerranéen à l'odeur enivrante. Dans ce hameau où chantent encore les âmes des Mousquetaires, l'accueil est digne des lieux exceptionnels.

La cabane Adret, dont le nom évoque le versant des montagnes le plus ensoleillé, s'érige fièrement vers l'est. Avec une terrasse de 50 m², c'est l'endroit idéal pour déjeuner en terrasse, au soleil. L'occasion de profiter de la vue imprenable sur la truffière du domaine et sur les collines environnantes surplombées par un très beau moulin à vent. Habitués à la promiscuité, à contre-courant de ce que l'on imaginerait faire ici, nous installons notre progéniture dans l'évier de la cuisine, pour un bain qui deviendra le souvenir marquant de notre passage sur ces nobles terres.

Emma & Loue

43.8329056, 0.1446790

Gers

Elle se fond tellement dans la canopée qu'il est difficile de la discerner. L'accès à ce nid d'aigle, juché à douze mètres du sol, sans aucun pilotis, est une véritable épreuve d'audace ! Deux ponts suspendus monumentaux de quarante mètres de long nous invitent à avancer avec précaution, portant notre progéniture sur le dos, le regard rivé droit devant. Entouré d'un parc naturel grandiose, ce n'est plus une forêt, mais une jungle que l'on voit sous nos pieds. Cet environnement donne le vertige, et il me plaît d'imaginer les ressemblances avec les forêts indonésiennes peuplées de singes que j'ai eu le privilège d'explorer par le passé. Ces primates seraient ici dans leur élément, se balançant allègrement le long des câbles tirés entre les branches. C'est un terrain de jeux pour les êtres instinctifs que nous sommes toujours, un retour aux sources naturelles de l'amusement.

La cabane d'Emma et Loue est une récompense méritée après une telle aventure. Ici, le mot d'ordre est la déconnexion. Pas de wi-fi, et la réception téléphonique est si faible qu'elle en devient presque un mythe. Si l'on cherche à se dérober de l'agitation du monde civilisé, c'est l'endroit idéal. Lovée dans les bras d'un chêne séculaire, cette cabane aux tuiles de bois semble flotter, offrant une vue sans fin sur un immense vallon préservé au cœur du Gers. Par temps clair, on distingue au loin les silhouettes majestueuses des Pyrénées.

Roquehort

43.4714731, -0.8853493
Pyrénées-Atlantiques

Je n'aurais jamais imaginé vivre un tel dépaysement, et c'est peu dire ! Lorsque la Jeep cale devant le dernier arbre marquant le seuil de la forêt, j'ai la certitude que nous allons vivre un moment d'exception. De là où nous sommes postés, la silhouette si originale de cette cabane triangulaire se dessine à peine. Ce style de toiture ne date pourtant pas d'hier, mais s'est fortement popularisé aux États-Unis dans les années 50. L'*A-Frame*, une cabane en forme de A, ravissait alors le cœur des jeunes familles américaines à la recherche d'une maison de vacances peu coûteuse. Aujourd'hui, on peut surtout les voir dans les forêts canadiennes, dissimulées sous d'épaisses couches de neige hivernales.

Cette cabane, c'est un peu comme un fantasme. Celle de Jérôme est entièrement auto-construite et respecte parfaitement le mythe de la cabane : aucun ornement superflu. Une structure en bois qui semble tenir par l'opération du Saint-Esprit, des matériaux de récupération, des finitions volontairement approximatives, des ouvertures simples et des angles ourlés de tôle froissée : tout concourt à créer une architecture brute et authentique.

Située à Salies-de-Béarn dans le département des Pyrénées-Atlantiques, cette merveille repose sur les hauteurs d'un terrain de quatorze hectares arboré de pins Douglas, de chênes, d'acacias et d'érables. Cet ingénieux rêveur nous accueille avec le sourire aux lèvres et une poignée de main franche.

Privée d'électricité, cette cabane nous plonge également dans une déconnexion totale : téléphones portables et ordinateurs sont mis en veille prolongée. Les seules distractions sont la nature, ses bruits, l'odeur du bois et cette vue imprenable en pleine forêt. Un retour à l'essentiel, aux valeurs fondamentales, s'impose : toilettes sèches à l'extérieur, douche chaude en plein air et bain norvégien que nous devons alimenter avec du bois de manière autonome. À l'intérieur, la décoration est minimaliste, mais tout est parfait. De vieux livres reliés en cuir sont posés sur des étagères bancales, un réservoir d'eau en verre, une vasque en porcelaine, un vieux tapis élimé, un imposant fauteuil en cuir noir très lourd qui donne envie de s'y poser pour y passer plusieurs jours, voire plusieurs semaines. Suspendus à la porte, la peau d'un animal et un bâton tailladé dont les bruissements par frottement serviraient à attirer les vers de terre… pas certain que cela fonctionne, mais un brin de poésie ne saurait faire de mal. J'observe chaque recoin de ce lieu magique avec attention.

Et puis, il y a ce petit poêle qui s'avère être notre allié indispensable. Les nuits sont encore d'une fraîcheur saisissante, et la rusticité de la cabane, si séduisante de prime abord, laisse

passer les courants d'air glacés. Notre mission du jour : récolter du petit bois pour alimenter le feu. Une gestion minutieuse s'impose pour conserver la chaleur à l'intérieur de cet abri. D'ailleurs, je me lèverai à trois reprises pour alimenter cette bouche de métal. Charline, qui a passé la nuit dans la pointe du A, descend nous réveiller. Ysma, lui, a dormi à même le sol, blotti contre moi, sous un monticule de couvertures. Je doute qu'il ait ressenti le moindre froid dans sa peau d'ours. La pièce est enfumée, tandis que des rayons de lumière divine percent la fenêtre avant de s'échapper par la porte entrouverte.

Ici, je me sens vivant, béni par l'opportunité de vivre cette aventure. Mon esprit s'évade, s'égare pendant de longues heures, réticent à revenir à la réalité. C'est alors que je prends conscience que le soleil a agréablement réchauffé l'unique pièce de la cabane.

Coco Barn

43.6613990, -1.3507980

Landes

Coco Barn est un écrin de six hectares de nature où se mêlent forêts, rivière et prairies. Les chevaux y galopent en toute liberté. Ce havre de paix préservé malgré sa proximité avec Hossegor, Seignosse, Capbreton et les stations balnéaires tant prisées de la « Landifornia », offre une halte originale à notre escapade.

Sur ce vaste terrain vallonné, qui contredit la réputation des Landes et leur relief monotone, Corenthine et Antoine ont créé un véritable petit paradis, guidés par leurs inspirations glanées au fil de leurs voyages. D'un simple regard, on comprend que ce couple a un sens esthétique bien affirmé.

« La cabane au bord de la rivière » est entièrement façonnée en bois. Une chambre, dotée d'une vaste baie vitrée, offre la sensation exquise de s'endormir sous la caresse des étoiles. Une douche, s'ouvrant sur une rivière sableuse, incite à s'y attarder des heures durant. On en oublierait presque qu'un petit être vous rappelle constamment à l'ordre… Un esprit bohème, mais à la fois rigoureux, a allié objets chinés et touches contemporaines : un arrosoir en cuivre, débordant de fleurs séchées, des bougies parfumées, un herbier d'antan, un fauteuil Butterfly en cuir vieilli, des luminaires modernes, des plaids en fourrure et des macramés qui ornent avec délicatesse l'intérieur et la terrasse. Grâce à tous ces détails, Coco Barn se révèle être la quintessence du romantisme.

Les Échasses

43.6798028, -1.3503001

Landes

Notre retour aux Échasses, dans ses « modges » en bois perchés sur pilotis autour d'un lac scintillant, était empreint d'une certaine nostalgie. En 2016, nous y avions goûté à l'extravagance d'une douche chaude ; un luxe bienvenu après des semaines de promiscuité dans l'intimité de notre van aménagé. Bercés par le rythme de l'eau, nous nous abandonnions à des étreintes passionnées sans penser au lendemain. La lecture de nos livres n'était ponctuée que de siestes lascives. Rien ne pouvait troubler notre sérénité amoureuse. Au coucher du soleil, des reflets magiques se dessinaient sur les murs de la chambre. La nuit, enivrés par un délicieux vin blanc, nous écoutions le chant mélodieux des grenouilles. Au petit matin, nous nous laissions surprendre par la brume qui caressait délicatement la surface de l'eau. Tel un voile mystérieux, elle créait une atmosphère digne des contes les plus envoûtants.

L'idée de revivre ces moments et de retrouver cet espace nous comble d'une profonde allégresse. Aujourd'hui, c'est notre fils, que nous avons installé dans le fauteuil en forme d'œuf, qui se balance doucement face à l'étang. La magie des Échasses perdure ; la nature y est encore plus luxuriante que dans mes souvenirs.

Slow Village

44.456299, -1.203804

Landes

Les Landes, cet éden entre lacs, pinèdes et océan, ont toujours exercé sur moi une fascination irrésistible. Mes premières vacances à Biscarrosse et ma montée de la dune du Pilat ont été des moments marquants de mon adolescence. J'étais alors un jeune homme de 18 ans, déjà convaincu que je reviendrais sur ces terres. Depuis lors, cet endroit ne cesse de me hanter, nourrissant en moi le doux rêve d'y établir un jour mes quartiers. Déambuler parmi les immenses étendues de pins maritimes, contempler chaque soir l'agonie flamboyante du soleil sur les plages sauvages de l'Atlantique, me ressourcer au cœur d'une réserve naturelle évoquant les méandres de l'Amazonie ont toujours fait partie des objectifs que je me suis fixés dans la vie.

Face à l'étang de Cazaux se trouve le Slow Village. Ce lieu est une invitation à se reposer au sein de ses austères cabanes noires perdues dans cet ancien camp militaire métamorphosé. Le village offre une atmosphère légère, où les sourires des rares vacanciers illuminent les visages. Un sentier conduit jusqu'au lac où, dès les premières lueurs du jour, je m'échappe pour une promenade solitaire le long de plages étroites au sable fin. Semblable à une carte postale de Nouvelle-Calédonie, ce lac aux eaux limpides est un appel à la baignade, offrant un rêve tropical, même en l'absence de chaleur torride…

En ce 24 avril matinal, mon fils sur les genoux, je laisse courir la pointe de mon stylo sur les pages de mon carnet, gravant des mots chargés d'émotions après ces trois semaines inoubliables qui s'achèvent.

Étang de Cazaux à Biscarrosse

Kerforn

47.643514, -3.002263

Morbihan

La barque glisse doucement sur l'étang bordé de pins et de chênes et s'approche d'une cabane flottante en bois brûlé… Nous sommes le 8 juillet à Crac'h, sur la presqu'île de Locmariaquer, en plein golfe du Morbihan. Pour une escapade bretonne de quelques jours, nous avons échangé notre vieille Jeep contre une barge en bois usée par le temps et une paire de pagaies. Une centaine de mètres séparent le ponton d'accueil d'un pentagone moderne posé sur l'eau. La traversée qui y mène, durant une dizaine de minutes, est déjà en soi une promesse d'évasion.

Une fois arrivés, l'enchantement opère. Une baie vitrée monumentale s'étend sur toute la façade avant, nous conviant dans ce sanctuaire moderne. À l'intérieur, l'ouverture sur la forêt au sommet de la bâtisse sert d'écrin à des vitraux naturels majestueux. Le chant mélodieux des oiseaux, émanant des profondeurs de la forêt, berce les voyageurs dès l'aube. Ici, tout est propice à la méditation, à l'introspection, à la liberté de rêver. Les murs intérieurs sont habillés d'un bardage de bois blanc immaculé. Les meubles confortables, soigneusement choisis, et les objets marins chinés avec amour, insufflent une âme singulière à cet admirable hébergement.

Avant notre arrivée, Philippe, le gardien des lieux, nous avait imposé une condition : notre fils ne devrait pas encore savoir marcher. En effet, aucun garde-corps n'empêche de tomber directement dans l'eau, ce qui est un défi constant pour des parents vigilants. Mais voilà, à peine avions-nous posé nos pieds dans la Kabane de Kerforn que le destin en a décidé autrement. Ysma, avec son innocence espiègle, nous a offert avec grâce les premiers pas maladroits de sa jeune existence.

Plessis

47.853927, -0.084260

Sarthe

On ne soupçonne jamais ce qui nous attend lorsqu'on arrive sur des terres où des passionnés de nature sauvage ont donné vie à leurs aspirations. On ne saurait imaginer les efforts déployés et l'imagination débridée qu'il aura fallu pour sublimer une vaste étendue forestière de soixante-dix hectares en un lieu d'une sobre beauté. Avec une telle étendue, Églantine aurait aisément cédé aux tentations lucratives en bâtissant un village de cabanes qui aurait attiré sans nul doute maints citadins en quête de verdure. Pourtant, aux Cabanes du Plessis, elle a simplement érigé trois cabanes lacustres, uniques et distinctes les unes des autres, baignant dans un lac somptueux.

S'égarer en famille au cœur de cette forêt centenaire ou voguer en toute liberté à bord d'un canoë n'a pas de prix. De l'autre côté du rivage, avec la main de mon fils dans la mienne, j'admire l'Observatoire qui semble être une toile vivante que les grands impressionnistes d'une autre époque auraient jalousement gardée secrète. Les mots me manquent pour décrire davantage l'expérience extraordinaire que nous avons vécue dans cet endroit.

Bois Landry / 48.381972, 1.072116 / Eure-et-Loir

Les souvenirs de notre visite, il y a six ans de cela, refont surface alors que nous quittons la région parisienne pour une longue tournée d'été tant attendue. En octobre 2015, après des mois de séparation par l'un de mes lointains périples, nous nous retrouvons enfin avec Charline dans une cabane perchée, uniquement accessible par une tyrolienne vertigineuse. À cette époque, on était bien insouciants mais, aujourd'hui, samedi 31 juillet 2021, en présence de notre enfant, la prudence s'impose. C'est dans cet état d'esprit que, face à la longue passerelle menant à la cabane familiale du Bois Landry, je coupe le moteur de la Jeep. Deux modestes huttes au toit de chaume enserrent un arbre majestueux. Le ponton de bois, s'étirant sur quarante mètres, se présente comme un fabuleux terrain de jeux pour notre jeune explorateur en herbe, tel un Robinson en devenir, avide d'aventures.

Cette « forêt qui pousse » de 1 250 hectares est un héritage transmis à Bertrand par son grand-père. Située en grande partie dans la commune de Champrond-en-Gâtine, aux portes du Perche, elle abrite quinze cabanes disséminées dans tout le domaine. Accessibles par de charmants sentiers forestiers, les rencontres y sont rares. Pendant plusieurs jours, nous avons la sensation d'être seuls au monde ! L'espace nous appartient.

La Belle Folie

47.642902, -3.050592

Morbihan

Au simple énoncé de son nom réside toute une promesse ! La Belle Folie s'est glissée à Ploemel, le long de la route reliant Auray à Carnac, face au golfe du Morbihan, en Bretagne. Ces cabanes constituent, dans tous les sens du terme, des modèles originaux. Dans chaque dimension qui les compose, elles se révèlent uniques et atypiques. Leur esthétisme est résolument contemporain et provient de l'imagination fertile d'étudiants de l'École nationale supérieure d'architecture de Nantes, des visionnaires qui les ont façonnées, imaginées et édifiées avec soin.

Ce projet fou est né d'une discussion entre trois amis, des utopistes animés du désir de changer les choses et les mentalités. Ce lieu alternatif, tel un mariage insolite entre l'extravagance et le loufoque, accueille les familles et les amis amoureux de l'originalité des hébergements. Même les plus blasés se trouveront dépourvus de référence face à un tel spectacle. La Belle Folie, c'est cinq cabanes hybrides, nichées dans un environnement végétal et équipées de toutes les commodités.

Passionnée d'architecture, Charline m'en parlait depuis des mois, et nous attendions l'été avec impatience pour profiter de ces créations architecturales excentriques. « La Branchée » nous a immédiatement séduits, tandis que « La Cactus » nous a impressionnés. D'un côté, une cabane qui semble puiser son inspiration dans la nature en adoptant la forme des branches. Trois rameaux entrelacés forment un nid à la fois original et confortable. De l'autre côté, une architecture particulièrement extravagante mais résolument contemporaine. La Cactus est une maison « plantée » avec grâce, s'élevant tel un totem. Une touche d'exotisme au cœur des bois qui invite au voyage immobile.

Terragora

46.907061, -0.878619

Vendée

Nous avons traversé la vallée de la Sèvre en Vendée pour la contempler de nos propres yeux. À mon humble avis, la cabane « Chrysalide » représente un véritable chef-d'œuvre architectural. Inspirée par le monde animal, elle suggère le puissant processus de transformation et de renaissance. Son design fascinant et audacieux est le fruit du talent créatif des concepteurs de Terragora qui ont su harmonieusement conjuguer esthétisme et respect de l'environnement. Les charpentiers

sculpteurs de la région ont patiemment tissé ce cocon dont les écailles de bois et de métal rappellent inévitablement les contours mythiques des œufs de Fabergé. Sculpture organique aux formes ovoïdales, évoquant à la fois la fragilité et la beauté d'une chrysalide suspendue, cette cabane semble émerger harmonieusement du paysage, s'étirant dans l'espace aérien tout en s'intégrant à la canopée environnante. Au sein de ce vaste domaine, déambulant parmi les arbres et les rochers, ou installés paisiblement près du ruisseau, nous capturons tous les instants avec délicatesse. En compagnie d'amis qui nous ont rejoints pour quelques jours, nous savourons chaque moment jusqu'à la tombée de la nuit. Puis, épuisés par les longues promenades de la journée, nous glissons dans le sommeil, conscients qu'au réveil, nous nous éveillerons métamorphosés par cette expérience transcendante et unique.

Cabane de pêcheurs du lac d'Espiet aux Terres Blanches

Moulin de Rioupassat

44.800113, -0.142935

Gironde

Sous une chaleur caniculaire, nous sillonnons la France en direction du sud-ouest. De la Vendée à la Gironde, seul le Marais poitevin et ses canaux ombragés a réussi à nous offrir un peu de fraîcheur. Ravis d'aller se réfugier au Moulin de Rioupassat, nous montons avec peine la majestueuse volée de marches. Cet escalier nous guide vers une ravissante cabane perchée dans un platane bicentenaire, à huit mètres du sol. L'architecture simple et élégante de cette cabane rustique, les planchers en bois qui craquent doucement sous nos pas, évoquent immanquablement les jeux de notre enfance. Cette adresse est une parenthèse poétique sur notre chemin, à un pas des vignobles de Saint-Émilion ; que nous atteindrons sûrement demain.

Château Champion

44.908305, -0.136226 / Gironde

La région de Saint-Émilion, empreinte de noblesse et d'élégance, s'étend sur les rives de la Dordogne. Les vignobles s'alignent à perte de vue sur des coteaux ondulants qui donnent naissance à des crus d'exception de renommée mondiale. Cependant, c'est avec la plus grande simplicité que Parcel a installé sa première *tiny house* dans les vignes soigneusement entretenues du Château Champion. L'idée de ce groupe était de fournir tout le confort nécessaire, sans fioritures ni superflu, tout en consommant de manière raisonnée. Dormir chez Parcel, c'est avant tout respecter l'environnement qui nous entoure et participer à un tourisme local qui rémunère correctement.

Après une première nuit paisible, le jour se lève lentement, enveloppant le lieu d'une brume légère ressemblant à une toile mystérieuse tissée par les premiers rayons de l'aube. Dans ce paysage crépusculaire, j'ai eu la chance, en ouvrant la porte de la cabane, de me retrouver nez à nez avec un chevreuil. Une rencontre éphémère qui m'a semblé irréelle. Ce sentiment perdure jusqu'au petit-déjeuner, mais s'estompe avec le plaisir de manger. Toute la richesse gastronomique du terroir français est disposée sur la grande table en bois installée à l'extérieur. La journée commence doucement, la visite du village et de ses environs peut attendre. L'été touche à sa fin et se prélasser sur un transat en observant notre fils s'amuser joyeusement parmi les rangées bien alignées des vignes est une distraction qui nous suffit.

Les coteaux ondulants autour de Saint-Émilion, vignoble classé au patrimoine mondial de l'humanité par l'UNESCO

Forêt de trois-cents hectares du domaine de Loire Valley

Loire Valley

47.322682, 0.794616

Indre-et-Loire

Le 17 septembre, nous célébrons nos dix ans de vie commune dans la vallée historique de la Loire, à vingt minutes de Tours et de la route des châteaux. Au milieu d'une forêt privée, où l'art contemporain côtoie une nature abondante, nous découvrons une luxueuse interprétation des cabanes dans les arbres. Les cabanes, au style « arty » du Loire Valley Lodges, construites en un mélange de Douglas, de chêne et de châtaignier, arborent une décoration atypique signée par des artistes contemporains. Elles sont disséminées dans un bois de trois-cents hectares, offrant un tête-à-tête avec la nature, loin de l'agitation urbaine.

L'immense baie vitrée, large de cinq mètres, ouvre largement sur l'extérieur et nous nous réveillons au milieu des arbres. La sylve est comme une pièce à part entière de la cabane et semble se prolonger à l'intérieur de celle-ci. Avec un peu de chance, nous pouvons apercevoir de notre lit le passage gracieux d'une biche ou la silhouette imposante d'un sanglier.

Domaine de la Résidence

49.080759, 6.124492
Moselle

Lundi 1er novembre, nous reprenons la route en direction du Grand-Est. C'est la quatrième étape de notre tour de France des cabanes, et nous sommes particulièrement enthousiastes à l'idée de découvrir cette région où nous n'avons jamais mis les pieds. Nous arrivons sur le plateau de Frescaty, à sept kilomètres au sud de Metz, juste à temps pour admirer les derniers rayons du soleil qui illuminent cette étrange structure aux courbes douces que l'on distingue à travers de gigantesques plumets. Ce sont des Wikkelhouse au

charme scandinave, les premières à être installées en France. Les feuilles commencent à tomber en cette saison, et Ysma s'efforce désespérément de traîner sa petite valise jusqu'à la cabane.

J'ai convoqué les nuages au lac de Madine. Après une pluie passagère, une éclaircie inonde la nature avec parcimonie, créant une atmosphère d'une grande beauté picturale. Le vent fait danser les roseaux, un pêcheur lance sa ligne d'un esquif en bois, et les cygnes me font comprendre poliment que je m'approche un peu trop près d'eux. Du sommet du Montsec, nous dominons cette région méconnue.

Personne parmi notre entourage n'aurait parié sur le fait que nous passerions d'aussi bons moments dans ces lieux empreints d'une histoire dont on ne souhaite pas forcément se souvenir. Pourtant, c'est bien ici que nous découvrons la chaleur humaine et les sourires francs des habitants mosellans.

Lac de Madine en Moselle

Vue de la cabane la Petite Ourse au domaine de Bleu Minuit

Bleu Minuit

49.036887, 7.687693

Bas-Rhin

Pour rejoindre Obersteinbach, l'un des points les plus à l'est du pays, il nous faut longer la frontière allemande et traverser des forêts dont la beauté en cette saison est insoupçonnable ! Un festival de vert, de jaune et de rouge. Dans ce pittoresque village, sur la route des châteaux forts, impossible de rater la belle demeure Anthon. Au pied du rocher du Wachtfels, elle abrite au fond d'un jardin trois écolodges portant les noms de constellations : la Petite Ourse, le Lièvre et le Lynx.

Avec un toit en verre qui permet d'observer les étoiles de son lit et un télescope mis à disposition sur la terrasse, Bleu Minuit est une invitation à des nuits célestes. Installés dans cet habitat en bois brûlé, réconfortés par la chaleur du poêle et ouverts sur l'immensité du ciel, nous attendons patiemment le crépuscule pour nous rapprocher au plus près des astres.

Pierre-Percée

48.479781, 6.912047 / Meurthe-et-Moselle

Vus des hauteurs, les pourtours du lac dessinent une délicate feuille d'érable. Un signe qui ne trompe pas ! Au cœur de la majestueuse forêt de Badonviller, en Lorraine, on pourrait aisément se croire égaré sur les rives d'un lac canadien, isolé du reste du monde pour l'éternité.

Le domaine autonome des Cabanes du lac de Pierre-Percée s'étend à plus de quatre kilomètres de toute présence humaine. Ici, aucun véhicule motorisé ne circule. Il nous faut emprunter un sentier sinueux, guidés par les indications d'un panneau, pour trouver le chemin menant à la Fuste du trappeur. Cette habitation bâtie avec des rondins d'arbres bruts dépouillés de leur écorce et de leurs branches, nous transporte instantanément dans l'univers envoûtant des chasseurs d'Amérique du Nord. Nichés dans ce chalet rustique, nous laissons le temps prendre le pas sur l'agitation frénétique de nos vies. Un seul désir nous anime : embraser le poêle à bois du sauna finlandais, qui se trouve à quelques marches en contrebas. Dans cet espace intime, la chaleur atteint plus de 70 °C, tandis que la vue imprenable sur le lac nous invite à la détente absolue.

Sainte-Croix

48.767797, 6.894759

Moselle

Lundi 8 novembre 2021, une brume épaisse enveloppe les cabanes construites sur pilotis dans la rivière des ours noirs. Nous venons de passer notre première nuit au milieu des cent-vingt hectares de nature préservée du parc animalier de Sainte-Croix et nous sommes subjugués par ces bêtes féroces qui vaquent à leurs occupations comme si de rien n'était… Les ours se baignent, courent, mangent, grimpent et s'endorment au pied des cabanes. Au loin, d'imposants bisons paissent tranquillement dans la prairie, tandis que les hurlements des coyotes résonnent. Bienvenue dans cet endroit rebaptisé « Le Nouveau Monde ». La Lorraine a des airs de Grand Nord américain.

Notre fils préfère sauter dans les flaques boueuses et balayer les feuilles mortes avec ses premières bottes en caoutchouc plutôt que de se retrouver en tête-à-tête avec une meute de loups gris d'Europe. Il est sûrement trop petit pour apprécier pleinement tout ce qui l'entoure. Nous nous posons alors la question de ce qu'il retiendra de tout cela, de nos escapades en forêt et de toutes ces cabanes que nous avons déjà visitées. Rares sont les personnes qui ont des souvenirs de leur petite enfance…

48° Nord

48.370647, 7.287777

Bas-Rhin

Une route en lacets aux virages verglacés nous amène plus au sud. Pendant que nous roulons vers Breitenbach, le soleil tombe et le ciel prend des teintes mauves, comme pour mieux nous plonger dans l'atmosphère de 48° Nord. Un bout de Scandinavie en Alsace.

Ce domaine réalise une magnifique synthèse entre le sens esthétique du Danemark, pays d'origine du fondateur, et l'esprit chaleureux et accueillant des Vosges. Ici, sur les hauteurs du village de Breitenbach, on ne parle pas de chambres mais de « hyttes ». Ces quatorze séduisants petits chalets en bois, inspirés des cabanes scandinaves traditionnelles, se veulent discrets comme s'ils voulaient s'effacer dans la nature. Les couleurs tendres répondent aux lignes épurées, le style est minimaliste et résolument graphique. À la manière du lierre qui s'entremêle aux branches des haies, l'Eføy Hyttes dont nous avons les clés se fond dans le bosquet. À l'intérieur, place à l'élégance et à la sobriété nordique. Si la salle de bain paraît minuscule, la pièce à vivre, spacieuse et parfaitement pensée, bénéficie d'une immense baie vitrée qui s'ouvre sur une vue somptueuse des collines avoisinantes.

En communion avec la nature, nous observons en silence, comme pour respecter les lieux et le spectacle qui se déroule sous nos yeux. En cette heure matinale du 11 novembre, le soleil est en train de brûler le ciel bleu tandis que la brume se densifie en contrebas. Un phénomène météorologique naturel qui se forme lors d'une inversion thermique se produit sous nos yeux ébahis : en l'espace d'une heure, nous surplombons, de notre terrasse, une mer de nuages en mouvement continu qui s'étale à perte de vue. La vallée se retrouve alors entièrement recouverte. Les sommets des montagnes qui affleurent de ces vagues blanches ondulantes ressemblent à des îlots au milieu de l'océan.

Vue de la cabane Arctique sur le Grand-Ballon, le plus haut sommet du massif vosgien

La Cabane
arctique

Grand-Ballon

47.879898, 7.092114

Haut-Rhin

Après un détour par le lac de Longemer pour déjeuner, nous empruntons la célèbre route des Crêtes. Ancienne voie stratégique, cette grande dorsale reliant Cernay à Sainte-Marie-aux-Mines nous permet d'admirer les paysages les plus caractéristiques de la chaîne des Vosges, qui surplombe les pâturages d'altitude des hautes montagnes.

Bâties au-dessus du village de Goldbach-Altenbach, sur le plus haut sommet du massif vosgien, les cabanes perchées du Grand-Ballon nous accueillent au cœur d'un paysage époustouflant ! L'hiver est déjà là, et la douceur

des montagnes enneigées, caressées par le soleil couchant, nous enveloppe dès notre arrivée. Face à nous, une vue imprenable sur le sommet de 1 424 mètres d'altitude du Grand-Ballon, ainsi que sur cette grosse boule blanche qui sert de radar à l'aviation civile.

Explorateur dans l'âme, Loïc a su partager un peu de ses expéditions dans le Grand Nord en construisant deux cabanes sur la pente vertigineuse de son terrain. De ses aventures en terres gelées, il a imaginé l'Arctique pour accueillir cinq personnes. La décoration intérieure nous transporte au milieu des glaciers du cercle polaire : accessoires d'explorateurs, petit matériel scientifique, anciennes cartes et photographies prises lors de ses voyages en famille recouvrent les murs de ce grand refuge minimaliste.

À l'extérieur, un bain nordique se perd au bout d'un chemin glacé. Motivés par l'envie de nous y réchauffer, nous attendons patiemment que la température de l'eau monte, pendant que notre fils saute maladroitement sur un trampoline.

Bois Basalte

45.911378, 2.929201

Puy-de-Dôme

Sur le site exceptionnel de l'ancienne carrière de basalte de la roche de Sauterre, des copains architectes en mal du pays ont donné naissance à ce projet remarquable. Les cabanes du Bois Basalte s'inscrivent dans un environnement majestueux : situé à 900 mètres d'altitude, sur le point culminant des Combrailles, le site offre un point de vue sur la chaîne des Puys et ses innombrables volcans.

Chacune des cabanes est idéalement installée dans son propre espace intime, boisé et clairsemé. Les quatre Latites trônent à la lisière d'une forêt de merisiers et de noisetiers ; tandis que les trois Olivines, construites dans un esprit familial, dans la partie supérieure de l'ancienne carrière, surplombent le hameau.

Charpente en bois, bardage extérieur en bois brûlé, isolation par copeaux de bois compressés, l'architecture de ces cabanes expose un parfait mélange de matières et de textures. Détail exquis : les plaques en polycarbonate faisant office de cloison laissent filtrer la lumière extérieure tout en isolant au niveau thermique. Toute l'originalité et le raffinement du Bois Basalte résident dans son design simple et épuré.

La nuit, le ciel a saupoudré de neige le paysage, nous plongeant dès les premières lueurs dans une atmosphère d'estampe japonaise. On ne pouvait rêver mieux pour commencer l'année 2022. Ça fait déjà un an que nous voyageons à travers la France, de cabane en cabane. Il y a quelques jours, dans ce chalet familial de Lans-en-Vercors où le projet est né, nous avons fait le point. Il va nous falloir attendre le printemps pour reprendre ce voyage aussi passionnant qu'éreintant. Une pause nous paraît indispensable et puis, le projet d'un ami d'enfance va m'emmener par les terres, de Paris jusqu'à Dakar.

Le lac du Der et son observatoire ornithologique. Avec une superficie de 48 km², il est le plus grand lac artificiel de France métropolitaine

Nutchel / 48.428265, 7.153616 / Bas-Rhin

L'hiver a été long, mais nous en sommes sortis. Le temps de la pandémie semble loin et pourtant… Nous ne sommes plus obligés de porter des masques depuis deux mois seulement. Le printemps est là, accompagné du réveil de la nature avec l'éclosion des fleurs, le bourgeonnement des arbres et le retour des chants d'oiseaux. Le moment est idéal pour reprendre la route vers les plus belles cabanes de France.

Le 26 mai, après une halte au lac du Der, nous arrivons au village forestier de Nutchel, dans la vallée de la Bruche, au sud du massif du Donon en Alsace. Éblouis dès notre arrivée par la vue dégagée sur le massif vosgien, nous respirons l'air frais tandis que deux mésanges volent au-dessus de nous en guise de bienvenue. La Canopée est un cube qui semble s'élever vers le ciel. Et cette impression est encore plus intense lorsqu'on monte les escaliers qui mènent au toit-terrasse. La cabane est conçue comme un studio où chaque espace est optimisé. D'un côté se trouve le coin nuit avec les lits, de l'autre se trouve l'espace jour avec la cuisine, la table à manger et le canapé positionné à l'angle d'une grande baie vitrée qui invite la forêt à l'intérieur du salon. Pensée dans un concept durable, la cabane est dépourvue d'équipements modernes. Bien qu'il y ait quelques prises, elle ne dispose pas d'ustensiles électriques classiques. Une glacière en bois fait office de réfrigérateur. Il y a de l'eau chaude, mais seulement pour la douche. L'idée est de revenir à l'essentiel et de retrouver la joie dans un mode de vie plus sobre.

À la nuit tombée, Charline allume chaque lampe à huile pour tamiser l'atmosphère déjà chaleureuse de la pièce. Ysma vient de s'endormir. Dans la lueur dansante du poêle à bois, nous nous accordons enfin des précieux instants en dévorant quelques lignes d'un livre.

La Réserve

49.486514, 2.936932 / Oise

Au cours de notre périple dans les espaces naturels de notre contrée, nous avons découvert sans cesse des paysages insoupçonnés. Après des mois de pause, nous nous trouvons de nouveau transportés ailleurs, vers de nouveaux horizons, loin de ce que nous avons l'habitude de voir, de sentir et d'appréhender. Le domaine de La Réserve ne fait pas exception. Alors que des dizaines de kilomètres seulement nous séparent de Paris, nous pénétrons sur un territoire des plus fascinants. Dans une dense forêt se cachent seize cabanes bordant trois lacs d'un vert émeraude profond.

Près de l'étendue d'eau, un brasero est posé à même le sol, et j'allume un feu puissant destiné à durer toute la nuit. Charline, qui vient de revenir avec notre panier-repas, dispose notre festin matinal sur des rondins de bois faisant office de table. Assis en tailleur sur une couverture, nous n'avons besoin de rien de plus que ce qui nous entoure, si ce n'est de voir réapparaître le raton laveur que j'ai rencontré la veille au soir à l'entrée de ma cabane. En croisant nos regards, il semblait moins surpris que moi. Convaincu que cet animal nocturne n'existait qu'en Amérique ou dans les récits de Davy Crockett, je suis resté figé devant lui tandis qu'il s'éloignait lentement dans la forêt, probablement déçu de ne rien avoir emporté de comestible.

Domaine de la Dombes / 46.085588, 5.153785 / Ain

Nous sommes au cœur de l'été, de sa chaleur étouffante et de ses journées ensoleillées. Les rires des enfants inondent les parcs. Les terrasses des cafés sont remplies de convives qui partagent leur allégresse dans l'ivresse de discussions animées. Les festivals et les concerts en plein air offrent des mélodies assourdissantes qui saturent l'atmosphère, tandis que les plages, sans doute bondées de touristes, sont recouvertes de parasols, de serviettes et de corps huilés qui bronzent sous les cris des mouettes.

En marge de cette frénésie estivale, nous avons fui vers la Dombes, ce territoire aux mille étangs, où nous rencontrerons du monde certes, mais sûrement moins que les trois cents animaux peuplant les trente hectares du domaine portant le nom de cette belle région, destination privilégiée des oiseaux sauvages. Dans les différents parcs qui bordent les allées menant aux cabanes, mouflons, sangliers, cerfs sika, daims et deux imposants bisons d'Europe règnent en maîtres.

Au milieu de cette immense étendue d'eau, installé dans une cabane lacustre que l'on rejoint en barque, Ysma attend la visite du cygne noir au bec rouge. Fasciné autant qu'impressionné par cet oiseau majestueux, il lui jette de petits bouts de pain en le réclamant quand il décide de s'en aller.

Domaine d'Archambaud

46.136670, 4.605218

Rhône

Le 2 août, nous quittons le domaine de la Dombes pour celui d'Archambaud et nous déjeunons sur l'herbe fraîchement coupée d'une colline qui se dresse fièrement face aux terres du Beaujolais, renommées pour leurs vins exquis et leurs villages pittoresques.

Le domaine d'Archambaud est une petite entreprise familiale. Yoann, qui vient de nous rejoindre, est menuisier. Avec son père, il a entièrement construit les quatre cabanes perdues dans les bois qui surplombent l'endroit où nous nous rencontrons. Toutes de factures différentes, leur seul point commun est ce pont de singe sécurisé qui permet d'accéder à chaque cabane. Je regarde d'ailleurs d'un œil ému Ysma traverser pour la première fois seul cette passerelle, motivé par cette envie d'évasion qui grandit chaque jour en lui.

Bâties sur pilotis avec un mélange de pins Douglas et de mélèze à l'extérieur, et avec des panneaux d'OSB et de trois plis pour le mobilier et les aménagements intérieurs, ces cabanes ne manquent pas de charme. Chaque détail, chaque finition témoigne de l'attention méticuleuse portée par Yoann et son père à la création de ces espaces uniques. Elles incarnent l'essence même de l'artisanat et de l'authenticité.

Natura Tazenat

45.979903, 2.981590

Puy-de-Dôme

Nous traversons la France d'est en ouest, en passant par le centre. L'Auvergne est peut-être plus fraîche en cette saison…

Situé à Charbonnières-les-Vieilles, Natura Tazenat est un village de cinq cabanes en bois éco-conçues, nichées au cœur des Combrailles, à seulement trois cents mètres du Gour de Tazenat et des sentiers de randonnée environnants. Depuis 2016, Fanny et Valérie assurent l'accueil. Chez elles, pas de voies goudronnées ni d'emplacements délimités : tout est fait pour assurer un impact minimal sur l'environnement en valorisant la végétation existante. La nature a été laissée telle qu'elle est, belle dans son authenticité. Le calme et la simplicité règnent sur ce site à taille humaine. Les cabanes n'ont ni eau courante ni électricité, mais elles proposent des solutions alternatives, écologiques et surprenantes ! La rusticité extérieure des hébergements contraste avec des intérieurs confortables.

Les cabanes ont des formes de grandes gouttes et c'est cette architecture originale qui nous a attirés ici. La pointe au sommet fait descendre la toiture en arc de cercle, ce qui la rend unique par rapport à ce que nous avons déjà vu. D'un côté, deux portes vitrées s'ouvrent sur une terrasse, de l'autre, trois hublots offrent une vue sur les arbres du domaine.

Il fait plus de 37 °C, et même si j'apprécie énormément l'ambiance que dégage un poêle à bois, il ne sert pour l'instant qu'à décorer. À l'ombre des chênes séculaires, nous évitons tout effort et restons tranquillement allongés sur des transats, lisant des histoires à notre fils. Des mésanges viennent grignoter les graines que nous avons laissées dans une mangeoire installée sur les terrasses des cabanes. Je me demande alors comment les oiseaux supportent une telle chaleur.

Domaine de Salagnac / 45.386176, 1.837222 / Corrèze

Alors que depuis des heures nous roulons sur d'étroites routes enlacées traversant les petits villages de Corrèze, un aigle majestueux s'envole sous nos yeux en décollant subitement du sol. Je dois ralentir pour ne pas le toucher tandis qu'il suit l'asphalte et ouvre le chemin qui mène à notre prochaine destination. Un signe fascinant que je ne saurais interpréter.

Au carrefour de trois régions de charme, le Périgord, le Limousin et le Quercy, le domaine de Salagnac est une magnifique propriété de quarante hectares entourant un manoir du XVIIe siècle. Il abrite le projet original d'Apolline, une jeune architecte d'intérieur, qui a donné naissance, sur ces terres vallonnées au pied du massif des Monédières, à des cabanes d'un genre nouveau. Ces cubes aux modules minimalistes sont bâtis sur pilotis et positionnés de telle sorte qu'on dirait de vrais postes d'observation. Volontairement contemporaines et très stylisées, leurs lignes épurées et les matériaux utilisés – bois, verre et métal – se fondent totalement dans une végétation luxuriante composée de feuillus et de conifères.

Les cabanes en cèdre blanc ou gris, posées en amont sur le sol et en aval sur des pilotis à cinq mètres au-dessus du sol, semblent défier la pesanteur. À l'intérieur, la priorité est donnée à un mobilier compact et sobre mais souvent coloré. Les portes coulissantes s'ouvrent sur une large terrasse où nous avons installé une minuscule piscine gonflable pour satisfaire Ysma. Après une journée de balade dans la forêt de Blanchefort et le marais du Brezou, l'heure n'est plus à la découverte mais au rafraîchissement. Nos corps brûlants qui ne veulent plus avancer en disent long sur notre état de fatigue.

Hêtre sous le Charme

45.113444, 1.964198

Corrèze

Il doit être 17 heures lorsque nous trouvons enfin la maison de Caroline et Clément, qui gèrent les cabanes de Hêtre sous le Charme depuis Saint-Martial-Entraygues. À l'entrée du village, une pancarte indique fièrement « Terre saine, sans pesticides ». Le ton est donné. Clément nous demande de le suivre en voiture jusqu'à l'orée d'un bois, où nous laissons la Jeep pour la durée de notre séjour. S'ensuit une petite marche censée durer dix minutes à travers les arbres, mais le fiston, fier de se débrouiller seul, ne veut plus être porté, il faut donc faire preuve de patience et de motivation à son égard.

Sur les hauteurs d'un promontoire rocheux, le magnifique domaine boisé de plus de dix-huit hectares, peuplé de chênes et de châtaigniers,

la cabane Épicéa Souhait est entièrement construite avec des bois locaux sur un emplacement exceptionnel. Sa terrasse permet d'admirer à la fois le splendide panorama et le coucher du soleil.

Charline, qui est naturellement heureuse, devient impatiente à l'heure des repas. Elle sait, de réputation, que Caroline concocte de bons petits plats et ne peut attendre une minute de plus pour dîner : salade de magret fumé et noix grillées surmontée d'une figue au foie gras en entrée, parmentier de canard gratiné au cantal en plat principal, et tarte aux fruits rouges faite maison en dessert. Rien ne saurait la ravir davantage que ces plaisirs gustatifs.

En pleine nuit, une chouette hulule, posée sur la rambarde de la cabane ; son chant nuptial vient rompre le ton monocorde du silence. Demain matin, ce mâle nocturne ira se coucher au moment où nous nous lèverons.

Irrigation à pivot central d'un champ circulaire dans le parc naturel régional des Landes de Gascogne

Cap Cabane

44.306115, -0.266430
Gironde

Ce tour de France est également l'occasion de se retrouver entre amis, de laisser nos enfants jouer ensemble et de profiter des soirées qui s'étirent autour d'histoires à partager. Cap Cabane est l'endroit idéal pour cela. Le site est à l'image d'un petit village, niché au cœur des douze hectares d'une forêt landaise. On y trouve un restaurant, une cuisine commune, des aires de jeux en bois et une piscine naturelle filtrée par les plantes. De quoi combler nos familles pendant une semaine.

Autour de nous, treize cabanes prennent la forme de pommes de pin et s'élèvent jusqu'à huit mètres de hauteur, frôlant les cimes des arbres. L'habitat se déploie sur trois niveaux. Au rez-de-chaussée, se trouvent des toilettes sèches et un petit lavabo. Au-dessus, une terrasse couverte avec hamac et transats permet une pause syndicale en plein après-midi. Enfin, au sommet, se niche la chambre, ouverte sur le ciel grâce à un toit transparent. En étant suffisamment attentif, on pourrait apercevoir un écureuil bondir d'un arbre à l'autre, nous narguant de son agilité.

Domaine de la Vitarelle / 43.357949, 2.320239 / Aude

Dimanche 21 août, réveillé par l'odeur du café chaud Hayuco, je ressens la fatigue d'une soirée barbecue qui s'est prolongée tard dans la nuit. Les stridulations persistantes des grillons résonnent encore dans mes oreilles, témoins de leur chant nocturne. Des amis toulousains, installés dans la cabane d'à côté, nous ont rejoints dans l'Aude, au domaine de la Vitarelle. Ancien camp naturiste transformé en un joyau de dix hectares pour les amoureux de la nature, il abrite quatorze tentes safari et dix cabanes de trappeur, rapprochées les unes des autres. Cet esprit « glamping » (comprendre le jeu de mots presque antinomique entre camping et glamour) se révèle être une expérience bien différente de celles que nous avons connues jusqu'alors. Toutefois, il faut admettre qu'un brin de confort et de convivialité ne fait pas de mal, surtout après avoir passé tant de temps isolés dans les contrées les plus reculées du pays. La cabane des Explorateurs, d'une superficie de 45 m², ne nous servira en fait que pour dormir et nous préparer à sortir. La vaste terrasse abrite nos discussions entre adultes, tandis que les sous-bois deviennent le terrain de jeu des enfants. Poussés par un sentiment de liberté offert par cet espace généreux, Jade, Leila et Ysma courent entre les cèdres, se cachent dans un hamac et s'amusent entre l'enclos des chèvres et une petite tyrolienne. La Vitarelle a pensé à tout pour satisfaire nos besoins de jeunes parents. En outre, elle est un point de départ idéal pour de nombreuses excursions dans la région, telles que le lac des Montagnès, le moulin à papier de Brousses ou le pont suspendu de Mazamet. Toutefois, c'est surtout la découverte de la voûte Vauban et de la Rigole alimentant le canal du Midi qui restera gravée dans nos mémoires.

La Hût

43.791310, 3.452507

Hérault

Sans Charline, qui se renseigne, cherche et trouve la plupart des cabanes que nous visitons, nous n'aurions certainement jamais découvert cette *A-Frame*. Elle semble presque insignifiante au milieu de la ferme de la Vacquerie, un petit village typiquement caussenard du plateau du Larzac, région célèbre pour avoir été le point de départ d'un mouvement de désobéissance civile dans les années 70. Pourtant, c'est bien une superbe structure en forme de triangle à la toiture ondulée de tôle verte, surnommée « La Hût », qui se dresse à quelques mètres de vieilles roulottes aménagées. Entre les cris des oies et les grognements des cochons, des paons viennent s'y pavaner, comme pour s'assurer de la bienveillance des hôtes que nous sommes, avant de nous laisser entrer.

En l'espace de vingt-quatre heures, nous sommes passés de l'imposante végétation de la montagne Noire à la garrigue, proche du maquis, qui caractérise les régions méditerranéennes. D'un décor à l'autre, nous roulons jusqu'à l'impressionnant cirque de Navacelles et son panorama à couper le souffle. Sur une route accidentée qui traverse les plateaux calcaires du parc régional du Haut-Languedoc, je revis, l'espace d'un instant, ma traversée des steppes d'Asie centrale.

Dune de sel du salin d'Aigues-Mortes. Aussi appelée « camelle », elle mesure jusqu'à vingt mètres de hauteur

Nuits Salines

43.535747, 4.215413

Gard

Deux années se sont écoulées depuis notre première retraite dans une cabane à trois. Nous voilà de nouveau de passage dans l'Hérault, à proximité de l'Étrier des Cabanelles, pour une visite familiale. Même si nous nous sommes habitués à la rudesse d'une vie simple, nous apprécions cette pause rafraîchissante au milieu d'une tournée plombée par une chaleur étouffante.

Le 2 septembre, nous prenons la direction de la Camargue et du Salin d'Aigues-Mortes qui nous

promet une expérience unique au milieu des marais salants, au sud-est du village fortifié. Franchissant le seuil gardé par les sentinelles des lieux, nous sommes transportés dans un univers blanc et rose qui dépasse les frontières de notre imagination. Roulant à faible allure au milieu d'un patrimoine ancestral, nous sommes témoins d'un savoir-faire traditionnel où les sauniers veillent avec passion sur leur précieuse récolte. Tels des trésors naturels, ces amoncellements de sel m'évoquent, non sans émotion, les dunes ondulantes du Rub al-Khali, le Désert des déserts de la péninsule arabique. Visiter les marais salants d'Aigues-Mortes, c'est plonger au cœur de l'Histoire et découvrir un écosystème préservé. Installés au sein des cabanes qui bordent l'un des multiples bassins, nous nous abandonnons à la rêverie en marchant pieds nus sur une terre grise et vaseuse. En cet instant béni, on susurre des récits à notre enfant qui pointe du doigt les flamants roses qui s'envolent par groupes de deux ou trois. La nuit tombe et nous plonge dans une obscurité profonde, dénuée de toute pollution lumineuse.

Grands Cépages

44.028895, 4.844470

Vaucluse

Au nord de la Camargue, à quelques pas d'Avignon, sur le territoire de Sorgues, la Provence nous ouvre ses portes, entre un bras du Rhône et les vignobles de Châteauneuf-du-Pape. La topologie du paysage y est exceptionnelle : verdoyante et fraîche du côté du fleuve, aride et sèche du côté des vignes, car la plante à l'origine du précieux breuvage y est cultivée sur des sols composés de sable, de graves et de galets de quartz. Les cabanes d'exception de Coucoo Grands Cépages sont construites autour et sur l'étang de la Lionne, dont la couleur hypnotise les voyageurs qui font escale en ces lieux.

Exclusivement réservé aux activités piscicoles, la baignade y est interdite. Seules les cabanes, reliées au rivage par d'élégantes passerelles, ont le droit de flotter semblables à des radeaux. Inspiré par différents types d'habitats primitifs, l'architecte du site avait pour objectif de respecter parfaitement la nature lacustre tout en concevant des habitats désirables et contemporains. En mêlant le mélèze et le Douglas, des essences résistantes et imputrescibles, les cabanes sont conçues de manière à pouvoir profiter pleinement du site. En particulier, des écrans en lattes de bois verticales qui évoquent subtilement la roselière, cette ceinture végétale constituant la zone frontière entre la terre ferme et les eaux dormantes, préservent l'intimité des occupants. Décorée dans un esprit méditerranéen épuré, chacune bénéficie d'une vue imprenable sur l'étang et la nature environnante.

Du lever au coucher, les rayons du soleil se reflètent sur l'étang, lui conférant des teintes allant du bleu turquoise à l'orange doré en passant par le vert émeraude. Un tableau solaire que nous admirons lors de nos balades à pied, à vélo ou réfugiés à l'ombre de notre terrasse, tandis que nous dégustons les paniers-repas apportés avec discrétion par le personnel du domaine.

La cabane Bohème, discrètement implantée au milieu des roseaux au-dessus de l'eau, ne fait qu'une avec la nature environnante

Le majestueux mont Ventoux est le symbole de la Provence. Géographiquement situé dans le département du Vaucluse, il se voit à une centaine de kilomètres alentour

Dentelles & Mont Ventoux

44.149152, 5.051863

Vaucluse

Les vendanges viennent de commencer. Adossés à un camion en mauvais état, des jeunes observent les vignes gorgées de raisins blancs avant d'entamer leur travail éreintant. Arrêtés sur le bas-côté, nous cherchons le chemin qui mène au petit village de Lafare. Trop loin pour demander des renseignements, on s'en remet au hasard ou au destin pour nous guider jusqu'aux pieds des Cabanes de Provence.

Nichées au cœur des Dentelles de Montmirail, deux cabanes à l'architecture contemporaine, construites avec des matériaux nobles et naturels, ont été conçues et imaginées comme des sœurs jumelles.

Entre-temps, la météo ne laisse aucun doute quant à la situation à venir. D'imposants nuages noirs, chargés de pluie, s'approchent dangereusement pour recouvrir le cadre paradisiaque du mont Ventoux. La tempête annoncée se lève, et rapidement, le temps vire au cauchemar. De violents orages d'une intensité rare éclatent à la fin du dîner. À ma grande surprise, Charline et Ysma, qui se sont couchés plus tôt, dorment paisiblement alors que le tonnerre gronde et fait trembler la structure en bois pendant des heures.

Au réveil du mercredi 7 septembre, tout ce que nous avons laissé dehors est trempé. La terre peine à évacuer l'eau qui s'écoule en abondance le long de la route. L'été se termine sous un signe obscur, marqué par cette tempête dévastatrice. Cependant, au milieu des dégâts et de la désolation, une lueur d'espoir se dessine à l'horizon. Les nuages commencent à se dissiper, laissant place à des rayons de soleil éclatants. Les vignes, éprouvées par la pluie, commencent à retrouver leur éclat verdoyant. La nature nous rappelle que, même après les moments sombres, la vie renaît et offre de nouveaux départs.

Notre long périple estival tire à sa fin. Portés par cette étincelle d'optimisme, nous entamons le chemin du retour vers notre foyer.

Domaine Alexandre Bonnet

47.991698, 4.387254 / Aube

De la capitale, il nous a fallu plus de trois heures de route pour arriver aux Riceys, village caché aux confins de la Champagne et de la Bourgogne. Un domaine viticole unique y donne naissance à des vins parmi les plus prisés de la côte des Bar : un Blanc de Noirs, un Rosé de Saignée ou encore un assemblage des sept cépages historiques… Crus rêvés pour les amateurs de ce vin effervescent, symbole international de l'art de vivre à la française.

Une bouteille est au frais dans le réfrigérateur de la jolie *tiny house* en bois clair. Nous sommes mi-octobre et les couleurs des vignes emblématiques de la région qui nous entourent ont viré aux jaunes. Un camaïeu allant jusqu'à l'orange-rouge se déploie à perte de vue sur les quarante-sept hectares de terres agricoles du domaine Alexandre Bonnet. Se sentir seul au monde n'est pas qu'une expression ; nous sommes réellement isolés entre vallons et forêts, dans le vignoble le plus préservé de la Champagne. Pourtant, rien ne manque dans cette habitation de quinze mètres carrés bordée de fenêtres. Elle est équipée de panneaux solaires, d'une cuisine, d'une douche écologique, de toilettes sèches et possède tout le nécessaire pour que nous puissions nous retrouver tous les trois en totale autonomie.

Grands Lacs

47.517726, 6.367684

Doubs

De grands arbres frissonnent dans le vent pendant que la brume se lève au ras d'une prairie qui semble isolée. Une famille de quatre ânes au pelage touffu nous accueille dans les lieux pour le plus grand plaisir d'Ysma qui se précipite pour grimper sur la rambarde et les caresser. Tout semble calme à l'entrée de cette propriété de cent cinquante hectares, située à une heure de Besançon, en Franche-Comté ; les lacs dépassent la forêt en surface, ce qui explique sans ambiguïté le nom du domaine. Il nous reste un peu de chemin à parcourir pour atteindre notre cabane. En longeant la rivière de l'Ognon, nous arrivons au bord de l'eau.

Ma grand-mère disait : « Une cabane où l'on rit est mieux qu'un château où l'on pleure ! ». Dans l'esprit de cet adage, nous avons trouvé un endroit, à la fois cabane et château, où nous devrions être heureux. Charline, qui aime les jeux de société bien plus que moi, a déjà disposé sur la table du salon toute une sélection de boîtes d'une autre époque et étale devant les yeux émerveillés de notre fils un assortiment de Kapla pour qu'il puisse construire sa propre cabane en modèle réduit.

Après cette nuit passée dans un château, nous ne sommes pas au bout de nos surprises. Coucoo, qui gère en France cinq domaines magnifiques et très différents les uns des autres, nous offre pour chacun le plaisir de vivre des expériences multiples en changeant simplement d'endroit. Ainsi, de l'aspect champêtre d'un château en bois, nous passons de l'autre côté du lac à l'exotisme de deux paillotes qui nous rappellent, par leur forme et leur matière, des noix de coco. Entre la chaleur particulièrement douce en cette saison, la couleur de l'eau et l'aménagement de ces cabanes qui semblent tout droit sorties d'un lagon polynésien, on pourrait se croire au paradis.

Grands Reflets

47.538595, 7.018873

Territoire de Belfort

Le petit-déjeuner est toujours un moment agréable. Quand celui-ci est apporté dans un panier tressé en osier, délicatement protégé par un simple tissu renfermant les viennoiseries les plus gourmandes, il devient un privilège dont on se souviendra longtemps. Dans la cabane El Dorado, le temps n'a plus d'emprise sur notre programme. En effet, nous avons décidé d'un commun accord de ne rien faire, si ce n'est de nous balader dans le domaine des Grands Reflets, qui jouxte la frontière suisse en Franche-Comté. Dehors, le printemps et la pluie se sont coordonnés pour arriver en même temps. Humbles citadins que nous sommes face à la richesse de la nature qui s'offre à nous, nous marchons la tête baissée, essayant d'appréhender la différence entre les champignons comestibles et ceux qui ne le sont pas. Notre sortie me rappelle l'histoire de ce petit garçon dans le livre *Un grand jour de rien*, que nous lisons presque chaque soir pour endormir notre enfant. Émerveillés par cette vie fourmillante et insoupçonnée, nous imaginons presque les escargots qui glissent entre les coprins chevelus, les coulemelles et les amanites tue-mouches nous parlant dans un langage commun. Pas facile de reprendre mes esprits et de comprendre où nous sommes après cela ; mais une chose est sûre, nous n'avons pas mangé de champignons ce soir-là…

Pont-Roche

47.533689, 4.877860

Côte-d'Or

La boucle dans le Grand Est se termine dans les Vosges où nous passons trois jours heureux aux Cabanes de Vincent. Une base parfaite pour visiter Vittel, ses thermes et flâner dans les jardins en ramassant des marrons, des châtaignes et des feuilles colorées par la saison. C'est d'ailleurs ces teintes dorées de l'automne qui ont donné son nom au département, célèbre pour son patrimoine viticole. La Côte-d'Or, où nous arrivons, étale la beauté et le trésor de ses paysages.

Frédéric, qui a bien gentiment accepté la présence de notre fils alors que les enfants ne sont pas admis chez lui, insiste depuis deux ans pour que l'on découvre sa merveille : une cabane qui a la tête dans les arbres, mais les pieds dans l'eau… Elle est l'illustration parfaite de l'habitat en pleine nature ; ou comment l'homme s'adapte à l'environnement dans lequel il s'installe. La « Cabane » du domaine Pont-Roche repose au bord d'une rivière, l'Ignon, qui coule doucement devant elle, comme si elle ne voulait pas la déranger, avant de serpenter un peu plus loin de façon impressionnante. L'atmosphère est paisible, tout a été pensé pour que l'on s'y repose et que l'on profite. Le bain et le sauna panoramiques offrent des vues exceptionnelles sur la rivière et le cadre romantique de la campagne bourguignonne.

Vue de la Cabotte Bleue sur le vignoble « Les Hautes-Côtes de Beaune » qui produit un vin des plus délicieux

Les Cabottes

46.929977, 4.633689

Côte-d'Or

Une *cabotte* est une ancienne cabane qui servait autrefois d'abri ou de remise aux vignerons de la Côte de Beaune. Alors qu'il ne reste que des ruines de ces baraques en pierres sèches un peu partout en Bourgogne, celles qui surplombent le petit village viticole de Change n'ont conservé que le nom. Pourtant, le principe reste le même, car il est toujours agréable de se réfugier dans ces maisons-miniatures en bois, nées d'une volonté minimaliste, installées non loin des vignes. La vue sur le clocher du village et les environs est magnifique et, pour couronner le tout, le toit de la Cabotte Bleue s'ouvre au-dessus du grand lit en mezzanine, nous offrant un ciel sombre mais lumineux, laissant passer les premiers rayons d'un soleil d'hiver.

Après un séjour ponctué d'excursions à vélo le long de la voie verte, de siestes interminables et de repas gourmands préparés par la maîtresse des lieux, nous saluons chaleureusement Alexane et Félix, nos hôtes aussi attentionnés qu'attachants, qui nous aident à remplir le coffre de la Cherokee avec de belles bouteilles produites par les vignes de la colline d'en face. C'est ce qu'on appelle du circuit court ! Ysma, qui observe les éoliennes sur le trajet du retour à Paris, n'a plus que le mot « Batane » à la bouche. C'est sa façon à lui de prononcer « cabane » et de nous montrer qu'il a parfaitement intégré ce qui fait partie de son univers quotidien depuis sa naissance.

Entre Terre et Ciel

45.820739, 6.486557

Savoie

Parti seul en Savoie pour une semaine en plein hiver, je retrouve Charline à la gare d'Albertville. Une courte route nous attend pour monter à 1400 mètres d'altitude jusqu'à Saint-Nicolas-la-Chapelle, à quelques encablures de Megève.

Le concepteur de ces habitats haut de gamme a voulu tutoyer les nuages et faire corps avec la nature. Dans ce cas précis, ce ne sont pas de simples effets de style… Les récits de Nicolas, menuisier-charpentier, qui nous raconte les difficultés de ce type de chantier afin que ses cabanes ressemblent à ce qu'il avait rêvé de créer, sont fascinants. Les quatre résidences, installées sur trois hectares de terrain en pente et fabriquées avec des essences de bois d'une qualité exceptionnelle ont un point commun : une vue directe sur le majestueux mont Blanc, sans autre vis-à-vis qu'une forêt de conifères. Loin d'un bricolage maison, chacune a été étudiée et pensée pour être élégante et accueillante. Et si les deux chalets, d'une très belle facture, nous paraissent plus communs, les deux cabanes perchées suscitent l'admiration.

La Cabane Feuille semble être en lévitation au-dessus de la forêt, face aux sublimes montagnes. Elle est sans aucun doute la cabane la plus atypique et impressionnante de toutes celles où nous avons séjourné jusqu'à présent. La baie vitrée circulaire couvrant la moitié de la cabane laisse pénétrer jusqu'au pied du lit les reflets du toit de l'Europe, haut de ses 4810 mètres.

Comme suspendue dans les airs à cinq mètres du sol, l'architecture de la Cabane Nid est quant à elle exceptionnellement troublante. Les branches qui l'entourent, entremêlées les unes aux autres, forment une structure ronde et douce. On pourrait aisément s'imaginer devenir de minuscules créatures qui observent de gigantesques oiseaux construire ce nid.

Youza

48.893540, 1.394873

Eure

Mercredi 1er mars. De la capitale, nous prenons la route en direction de la Normandie pour un séjour, en plein milieu de la semaine, au Youza. Le nom même, qui fait référence au roman de Youozas Baltouchis, est déjà une belle promesse d'aventure et de mystère. En effet, l'histoire que l'on peut lire si l'on prend la peine d'ouvrir cet ouvrage posé sur le chevet de chaque cabane, raconte la saga d'un homme retranché dans une forêt impénétrable, qui va accueillir des réfugiés de plusieurs révolutions.

Augustin nous reçoit chaleureusement dans la spacieuse cabane située à l'entrée du domaine. Cet homme, simple mais distingué, veut en savoir plus sur notre périple et nous nous asseyons autour d'une cheminée au carrelage d'un jaune intense pour discuter. Sur ses terres, aucune faute de goût ! Chaque détail est pensé avec une minutie sans faille et le souci du beau est omniprésent. L'architecture des cabanes et leur aménagement intérieur sont parfaits, chaque élément s'harmonise avec élégance. L'ensemble dégage une rare cohérence explicite.

Les cabanes en bois, bercées par une lumière diffuse, prennent en fin de journée une teinte dorée par le soleil. Je profite de l'heure la plus douce de la journée pour capturer ces instants magiques en les photographiant, cherchant à immortaliser leur beauté et leur sérénité au milieu d'arbres dénudés qui dégagent une certaine mélancolie. Chaque saison a son charme et pourtant, même si l'hiver paraît triste, je la conçois comme ma période préférée.

Je ne vois plus Charline, qui a disparu dans cette interminable forêt. Nous errons dans le domaine, chacun de notre côté et à notre rythme. Ce couple que nous formons est de ceux qui savent s'accorder des moments d'indépendance sans jamais se perdre.

Le lendemain, Ysma nous retrouve avec enthousiasme. Fier de sa découverte, il prend plaisir à montrer à sa « Mouna », le surnom qu'il donne à sa grand-mère, tous les recoins de la cabane, comme si c'était chez lui. Elle, qui nous rejoint pour la première fois, semble émerveillée par cette manière de vivre.

Au sein de cette forêt ensorcelante, le téléphone retentit soudainement. Je n'aurais jamais pensé capter un signal ici. C'est une étrange mais merveilleuse connexion avec mon amie Stéphanie, qui se trouve actuellement en Inde avec la famille qui nous avait accueillis il y a trois ans.

Grands Chênes

49.264917, 2.706329

Oise

Dans le domaine boisé du Château de Raray, en Hauts-de-France, le cinquième domaine de Coucoo que nous visitons propose des cabanes construites en bois naturel dans un souci écologique. Ces vingt bâtisses ne nécessitent aucun traitement chimique et peuvent être facilement démontées au fil des années pour s'adapter à la croissance et à la santé des arbres.

On aurait pu venir ici à la belle saison, mais notre planning en a voulu autrement et ce n'est pas plus mal. Je voulais revoir la cabane Origin au milieu des arbres dénudés par l'hiver et admirer sa structure de la cime des arbres. Considérée comme l'une des plus belles cabanes de France, elle est présente dans plusieurs livres d'architecture du monde entier et ressemble à un nid d'oiseau en forme d'octogone, mais dessiné de manière très graphique. Unique et exceptionnelle, elle fait l'admiration de tous les amoureux du genre qui ont fait le déplacement dans le parc naturel régional de l'Oise.

Juché sur un superbe chêne, un orgue en bois géant surnommé Emotion semble jouer un récital pour sortir Charline de son sommeil profond. Une ode à la nature qui annonce le début de notre tournée printanière qui va nous emmener en Hauts-de-France puis en Normandie.

Dunes de sable de la baie de Somme entre Quend et le Marquenterre

Le Piloti

50.281070, 1.589316

Somme

À Saint-Quentin-en-Tourmont, en plein Marquenterre, Le Piloti est idéalement situé comme point de départ pour visiter la baie de Somme. Entre les dunes de sable et des prairies d'herbes grasses se cache un étang où des cabanes ont poussé comme des roseaux. Dans ce petit coin sauvage, le bonheur réside dans la simplicité. Inutile de penser à allumer une télévision ou de tenter de capter le wifi. La déconnexion est totale, et ce n'est pas un abus de langage. Les crapauds s'écartent sur notre passage alors qu'un héron cendré s'envole à notre approche. La lune, bien visible, semble avoir rendez-vous avec le soleil et nous salue en plein jour. Nous ne sommes qu'à la mi-mars et, déjà, les paysages sont splendides. La mer se mérite, et il nous faut marcher pendant une heure le long d'un sentier ombragé par des pins et gravir un océan de sable battu par les vents avant d'apercevoir les vagues mourir dans l'écume blanche. Après tant d'efforts, le déjeuner n'en est que plus délicieux… Sur la plage de Quend, d'étonnants amas de coquillages en forme de couteaux s'entremêlent les uns sur les autres. Serait-ce les ongles de monstres marins que la mer aurait recrachés ? Dans ce décor parfois sombre mais souvent lumineux, tout n'est que poésie et rappel à la nature sauvage. Le Piloti est un endroit pour s'aimer, où les rêves naissent et se réalisent.

Sur la Côte d'Opale, à Neufchâtel-Hardelot, à seulement deux kilomètres de la plage, nous sommes invités à dormir dans un triangle de bois, de verre et de métal. Une *A-Frame* pas comme les autres qui vaut le détour dans l'un des plus beaux endroits du nord de la France. Juliette et son allié Guillaume ont rêvé puis bâti de leurs propres mains, planche après planche, des pilotis jusqu'à la toiture, cette pyramide des temps modernes. Son toit, légèrement plat au sommet, tombe jusqu'au sol quasiment à la verticale. Le rendu est sublime et devrait rendre jaloux quelques architectes-bâtisseurs du nouveau continent.

Pieds nus sur la terrasse en mélèze, nous fermons les yeux pour mieux nous imprégner de l'odeur du bois et des phytoncides, ces molécules bienfaisantes émises par les arbres. Car si Bain de Forêt est le nom du domaine, c'est avant tout une expérience permettant de s'immerger totalement dans cette atmosphère naturelle. Plus qu'une simple promenade dans les bois, cette pratique thérapeutique douce venant du Japon est une forme de méditation dont on peut tirer de nombreux bénéfices pour la santé.

Bain de Forêt

50.630619, 1.607921
Pas-de-Calais

Les Fresnelles

50.416639, 3.236101

Nord

L'histoire des Fresnelles est celle d'un passionné qui s'est consacré à la restauration d'une belle et grande ferme en briques rouges dans un coin isolé du nord de la France. Après quatre interminables années dédiées à cette tâche, cet homme s'est jeté à corps perdu dans la fabrication de sa cabane personnelle, comme pour réaliser un rêve de petit garçon. Le temps d'un été, seul au fond de son jardin, Maximilien a réalisé la prouesse de bâtir une cabane en bois brûlé de 9 m^2. Elle tourne le dos au corps de ferme comme pour ignorer toute présence et se tenir seule face au bois qu'on peut admirer par une baie vitrée. Minimaliste mais confortable, elle a su accueillir notre famille le temps d'une nuit.

Bois de Rosoy

49.098507, 3.000643 / **Oise**

On aurait aimé séjourner dans toutes les cabanes de ce domaine, mais il a fallu faire un choix entre les demeures d'aventuriers inspirées par les récits de Tesson, les nids d'amour réservés aux romantiques et les habitats extravagants qui semblent tout droit sortis de l'imaginaire d'un enfant. Le Bois de Rosoy sait faire rêver petits et grands, et tout y est organisé dans ce sens. Axelle est venue à notre rencontre pour nous parler des origines de ce projet familial qui, depuis sa création en 2017, a fondé un lieu convivial offrant une multitude d'activités au pied de cabanes. Réparties dans la forêt de manière judicieuse, en harmonie avec l'implantation des arbres et conçues pour préserver l'intimité de chacun, les cabanes nous donnent l'agréable sensation d'être seuls au monde ; alors que nous sommes au Pays de Valois, à moins d'une heure au nord-est de Paris.

La cabane Le Chêne, imaginée par les créateurs des lieux, est une nouveauté pour nous. À l'origine simple pod au toit voûté, celui-ci a été placé avec élégance au-dessus de la plupart des arbres environnants, à l'exception d'un chêne majestueux à qui il rend hommage en s'abritant quelques mètres en dessous. Après des heures de marche dans le domaine, de rires partagés en famille et de parties de foot improvisées entre des poteaux imaginaires, on se pose à cinq mètres de hauteur. La nuit tombe sur le bois, réveillant les oiseaux qui entament un concert mélodieux. Ils semblent si proches qu'on ne peut s'empêcher de vérifier s'ils ne sont pas à la porte, attendant de venir déjeuner avec nous.

Maison Villeneuve

48.948198, -0.410178 / Calvados

C'est bien plus grand que ce que nous imaginions ! Passionnés par l'architecture des *A-Frame*, nous découvrons ce triangle de verre et de bois avec des yeux écarquillés. Jamais nous n'aurions pensé en admirer une de cette taille ! Ici, nous sommes bien loin du caractère rustique qui confère son charme aux cabanes du Béarn ou du Larzac. En périphérie de la Suisse normande, une véritable maison pyramidale s'ouvre à nous, offrant tout le confort nécessaire. Vu du bain nordique où nous allons nous détendre régulièrement, l'escalier intérieur donne l'illusion de monter dans les arbres qui se reflètent dans les immenses baies vitrées de la façade. Alors que nous nous installons pour quelques jours, le temps nous semble trop court pour profiter pleinement de la magie de cet endroit et de la campagne environnante.

Étape en Forêt

48.832002, -1.033782 / Calvados

Guillaume, le gérant de ce village de cabanes situé au cœur du bocage normand, avait prévenu avant notre arrivée que le domaine n'étant normalement pas ouvert en cette période, le chauffage des cabanes abandonnées à la nature dès la fin octobre venait juste de reprendre. Pourtant, tout est parfait. Le site est uniquement pour nous, et même si la végétation doit être bien plus foisonnante en été, nous apprécions pleinement nos excursions autour des mythiques cabanes de plage de Gouville et du solennel mont Saint-Michel. Le soir venu, nous retrouvons la douceur de vivre dans ce cube perché, bien différent de ce que l'on peut voir ailleurs.

Ferme des Alpes Mancelles

48.379987, -0.030774 / Sarthe

Il y a des cabanes où nous reviendrons et d'autres que nous oublierons. Certaines nous ont marqués par leur architecture étonnante et ingénieuse, tandis que d'autres, plus simples, nous ont charmés par l'expérience émouvante que nous y avons vécue. Celle-ci, en particulier, nous a profondément touchés.

Partant des côtes normandes, nous avons traversé la Mayenne pour nous rendre dans la Sarthe. À notre arrivée, de gros chiens nous annoncent aux propriétaires par de puissants aboiements et Christophe interrompt son repas dominical en famille pour nous rejoindre. Il a la gouaille et le franc-parler des paysans.

Son sourire est contagieux et, grâce à lui, nous allons partager un moment agréable à la ferme.

Sur les hauteurs d'une prairie dégagée, nous pouvons observer depuis la *tiny house* aménagée par Parcel un troupeau de vaches paissant en silence. C'est l'heure de la traite et les bovins connaissent parfaitement le chemin qui les mène à l'étable. Nous les suivons à distance, sachant bien qu'ils s'inquiètent de notre présence. Ysma, captivé par le petit tracteur vert miniature qui lui a été prêté, cesse de jouer et se dirige vers les veaux pour leur donner du foin qu'il a ramassé. L'échange avec Christophe

et sa femme Émilie est spontané et passionnant, et le temps d'une discussion, nous en apprenons beaucoup sur les difficultés de leur métier.

La lumière, à l'instar de l'instant, est magique. Le soleil vient de percer à travers les nuages pour nous rejoindre et nous réchauffer. Le feu s'intensifie dans le brasero, et les brochettes de Chamallows sont prêtes à être posées sur la grille. C'est certainement l'un des moments les plus doux de ce grand voyage.

Country Lodge

48.564115, 0.724264

Orne

Dans le parc naturel régional des collines du Perche en Normandie, le Country Lodge est une véritable bouffée d'air frais. Loin de toute nuisance sonore et visuelle, ce lieu offre aux familles citadines de la région parisienne ou d'ailleurs, un site naturel d'exception propice au lâcher-prise.

On est le dimanche 9 avril 2023 et le jour se lève sur une nature glacée par le froid. C'est certainement l'un des derniers matins où il y aura du givre. Le printemps va réchauffer petit à

petit notre hémisphère. Je reste figé devant la large baie vitrée qui affiche un paysage aux couleurs pastel et aux reflets blancs, tel un tableau organique propice à la contemplation. Dehors, les animaux se réveillent peu à peu et nous sommes invités à ouvrir les enclos pour libérer des oies, des cochons, des chèvres et des moutons qui s'empressent de fuir vers une clairière à flanc de colline qu'ils connaissent bien. Pablo, un alpaga, fait le fier tout en ayant l'air hésitant. Sous le regard curieux des enfants qui leur donnent à manger tout en jouant autour, on se croirait dans un conte des frères Grimm. Il ne manquerait plus que les animaux s'installent à table avec nous pour basculer dans un univers fantasmagorique. De retour à la cabane, on se retrouve nez à nez avec des dindons égarés sur la terrasse. Aussi laids que provocateurs, ces deux lascars qui vibrent en nous chargeant ont l'air de vouloir en découdre. Entre rires et cris de panique, Charline et Ysma se réfugient à l'intérieur afin de les observer plus sereinement.

TILLEULS

Casa Rosalie

48.586722, 0.692905

Orne

Notre rêve de cabane n'a jamais eu de limites et nous avons parcouru de nombreux endroits, découvrant des cabanes de toute forme et de toute taille, chacune avec son charme unique. De simples cabanons nichés au sommet des arbres, offrant une vue imprenable sur la nature environnante aux lodges spacieux et luxueux équipés de tout le confort moderne, notre quête d'expériences nous a conduits aux quatre coins de la France, vers des horizons que nous n'aurions jamais imaginés. Tous ont en commun notre attachement à ces refuges simples et authentiques, qui nous permettent de nous connecter à la nature et de nous émerveiller devant sa beauté intemporelle. Que ce soit au cœur des montagnes de Savoie ou des Pyrénées, au bord d'un paisible lac du Grand Est ou de Bretagne, ou au milieu d'une dense forêt des Landes ou de Dordogne, les cabanes sont pour nous une évasion vers un monde où le temps ralentit et où la simplicité retrouve tout son sens ; des havres de paix qui nous rappellent l'essence même de la vie.

Notre odyssée ne se mesure pas en kilomètres parcourus, mais en rires partagés, en chansons improvisées lors de soirées autour du feu, ou en doux murmures de la nuit sous le ciel étoilé. Ainsi, pendant trois ans, nous avons tissé ensemble la trame de notre histoire, celle de la Famille Cherokee : des nomades à la recherche non pas d'une destination, mais de moments précieux. La naissance de notre fils a été sans nul doute un des principaux déclencheurs de cette tournée qui nous a permis de découvrir la nature de notre pays.

Dans la campagne perchoise, à l'aube d'un jour qui se lève en douceur, je me remémore une myriade de souvenirs, le sourire aux lèvres, un brin de mélancolie au cœur. La Casa Rosalie pourrait mieux que toutes les autres cabanes que nous avons visitées, accueillir le reste de notre existence et c'est sûrement pour cette raison que mes pensées m'ont réveillé aux aurores. Après cette histoire écrite cabane après cabane, il serait temps de trouver un endroit où se poser. Un espace à bâtir pour accueillir nos rêves. Une terre où l'on pourrait voir grandir Ysma et prolonger ce voyage de manière permanente.

Anne-Christelle et Bertrand, couple de néoruraux tombés amoureux de la région et propriétaires des lieux, ont sûrement dû avoir ce genre de réflexion avant de s'installer ici. Conçu essentiellement à partir de matériaux naturels et recyclés – bois, lin et rotin –, cet accueillant triptyque affiche ses lignes épurées et volumes architecturaux aux portes d'un décor sylvestre avec lequel il semble dialoguer harmonieusement. Un endroit rêvé pour installer une tribu comme la nôtre, le temps de lire un roman, de faire un bain de bon matin avec une vue grandiose sur la forêt et de savourer une sieste après un déjeuner copieux. Au bout d'un sentier de terre cabossée qui mène à l'étang, nous nous installons pour pêcher… Au bout de l'hameçon, une feuille noire en guise de trophée. Il y a une première fois à tout !

Printemps 2023

Parenthèse

48.067530, 2.280140 / Loiret

Une des dernières escapades de ce périple s'est transformée en un séjour merveilleux. D'autant plus que je ne m'attendais pas à vivre une telle introspection dans cette forêt d'Orléans, à 1 h 30 de Paris. À première vue, Parenthèse semble n'être qu'un petit village de *tiny houses* au concept cool et bien conçu, avec une magnifique serre pour se réunir et un potager pour cueillir des fruits et légumes. Ce qui est déjà bien plaisant.

Mais Parenthèse est bien plus que cela ! Toutes les cabanes sont personnalisées par des artistes qui ont apporté leur touche personnelle à la décoration ainsi qu'au choix des lectures qui sont proposées sur place. Samantha, qui est à l'initiative de ce projet, le dit elle-même : « L'acte de création est l'expression originale d'une ou plusieurs personnalités qui, à travers leurs œuvres, portent un regard singulier sur notre condition et notre environnement ». Ainsi, auteurs, photographes et graphistes n'ont rien laissé au hasard et de nombreux détails viennent égayer nos journées déjà comblées par le plaisir d'observer, de notre lit, la végétation sauvage qui borde l'étang au pied de la cabane.

Sur la table de l'Adas, signée par Benoît Peeters, deux petites fioles et des bouts de papier vierges attendent impatiemment de recueillir notre plus beau moment de vie. Le choix est difficile tant il y en a ! Une « cabane à souvenirs », dédiée à recevoir ces tubes de verre sur des étagères spécialement conçues, a rendu notre départ magique.

Au Petit Bois

45.213048, 0.056884

Dordogne

Effectivement, en écho aux angoisses qui me taraudaient au début de cette histoire, je me rends bien compte que plus rien ne sera jamais comme avant… Notre vie, tout comme notre état d'esprit, a considérablement changé depuis la naissance de notre fils. Même si la pandémie n'est plus d'actualité, elle a bouleversé notre manière de voyager, de travailler et de consommer. Prendre spontanément un avion pour traverser en quelques heures la planète, juste pour photographier une cérémonie religieuse, ne me paraît plus très cohérent. Je ne juge pas la personne que j'ai été et ne dis pas non plus que j'abandonne ici l'élan de créativité que j'ai pu avoir grâce à mes pérégrinations à travers le monde, mais ces dernières me paraissent aujourd'hui moins primordiales, moins essentielles. Voyager n'est plus une fin en soi et j'ai trouvé dans le pays qui m'a vu naître une forme d'exotisme que je n'aurais jamais soupçonnée sans y avoir été, d'une certaine façon, forcé par le destin.

L'idée que Gérard exprime avec le Petit Bois m'inspire profondément. Les deux robustes cabanes bâties en bois brut ont été réalisées pour ses enfants. Il en aura fallu de la patience, de la force et de l'amour pour venir à bout d'un tel chantier, qu'il a piloté seul sur ce terrain acheté pour l'occasion. C'est sans doute l'œuvre d'une vie qui se concrétise en deux habitats que l'on pourrait qualifier de parfaits. De la grande terrasse, on domine la vallée de la Dronne et un romantique étang privé. Dehors, il pleut des cordes, et nous attendons que l'orage passe pour aller faire un tour de la propriété. Des bulles de savon, symboles de légèreté et d'innocence, s'envolent désormais vers un ciel plus clément.

Finalement, nous allons clore ce voyage dans le Sud-Ouest, et ce choix est loin d'être anodin. Notre belle et vénérable Jeep, garée au bout du ponton, est chargée et n'attend que nous pour rouler vers cette destination. Inspiré par d'innombrables découvertes, des architectures étonnantes et des lieux égarés en pleine nature, le doux rêve de posséder notre propre coin de paradis se dessine à l'horizon. Dans ma sacoche repose l'acte de propriété d'un hectare de terre boisée, bordée par une rivière, à la sortie du charmant village d'Escource. Dans le nord des Landes, à vingt kilomètres de l'océan Atlantique, ces terres, qui nous appartiennent depuis quelques mois, promettent des jours heureux qui, je l'espère, prolongeront ce grand jeu que nous avons commencé à la naissance de notre progéniture.

Ysma va bientôt fêter ses 3 ans et nous parle déjà de la plage de Mimizan où il a érigé ses premiers châteaux de sable. Il désire ardemment sa propre cabane, « grande, grande, grande », dans laquelle il pourra inviter ses copains et peut-être ses parents s'ils se montrent sages… Nous prendrons le temps de rêver avec lui. Charline, qui vient tout juste de terminer une formation en construction en ossature bois, a sûrement des idées bien précises sur ce qu'elle souhaite édifier de ses propres mains. Et derrière chaque grande femme se cache un homme prêt à l'épauler, en portant une poutre ou en enfonçant quelques clous, pour donner vie à ses desseins.

Explorer
LA forêt
GUIDE PRATIQUE POUR SE NOURRIR, DÉCOUVRIR, FABRIQUER
RICHARD IRVINE
MARABOUT

Landifornia

43.590357, -1.264042 / Landes

Nous voulions finir en beauté et avions prévu l'endroit idéal pour cela. Envoûtés par cette cabane dès notre arrivée, nous comprenons vite que ce n'est peut-être pas par hasard : elle a été conçue et fabriquée par Jérôme, également à l'initiative de l'énigmatique *A-Frame* de Roquefort à Salies-de-Béarn. Il faut rappeler que c'est l'un des meilleurs moments de nos pérégrinations. Son savoir-faire, ajouté aux idées et au goût prononcé pour les belles choses de Laure, la propriétaire des lieux, ne pouvait qu'aboutir à un résultat des plus étonnants.

La Landifornia se dresse sur deux étages à Saint-Martin-de-Hinx au bord d'un charmant point d'eau. Dans cette cabane en bois faite maison, tout a été pensé dans les moindres détails, son équipement ayant été chiné avec passion. L'escalier vient d'une église du coin et les portes-fenêtres à carreaux, d'une brocante de la région. Un poêle à bois permet d'y séjourner toute l'année et la chambre avec son lit double est à l'étage, dans une mezzanine en triangle. La douche est extérieure et les toilettes sont sèches, mais quel plaisir de se contenter du minimum lorsqu'on se rend compte de la richesse de la nature ! Confortablement installé dans les fauteuils Togo blancs, j'écoute « Auprès de mon arbre » de Brassens. C'est de circonstance. L'été peut commencer…

Le soir, posté sur la rive d'en face, seuls des nénuphars en fleur et quelques libellules bleues me séparent de Charline. Une fois de plus, j'immortalise ma bien-aimée qui se prélasse dans une eau très chaude, sous la lumière intimiste d'une guirlande lumineuse. Un instant délicieux qui se reflète dans le miroir de mon boîtier. Le moment semble se figer, comme pour me laisser le temps d'apprécier et de me rappeler ce que nous avons vécu durant nos errances communes. Notre fils doit dormir à cet instant. Dans quelques minutes, je reprendrai mon carnet en cuir pour y écrire les dernières lignes chargées d'émotion et de gratitude, et je laisserai aller ma nostalgie dans l'ivresse d'un verre de rhum. Demain, j'aurai tout oublié, avec le seul désir de continuer ce voyage pour l'éternité. Peut-être sur mes terres, qui se trouvent non loin, à côté.

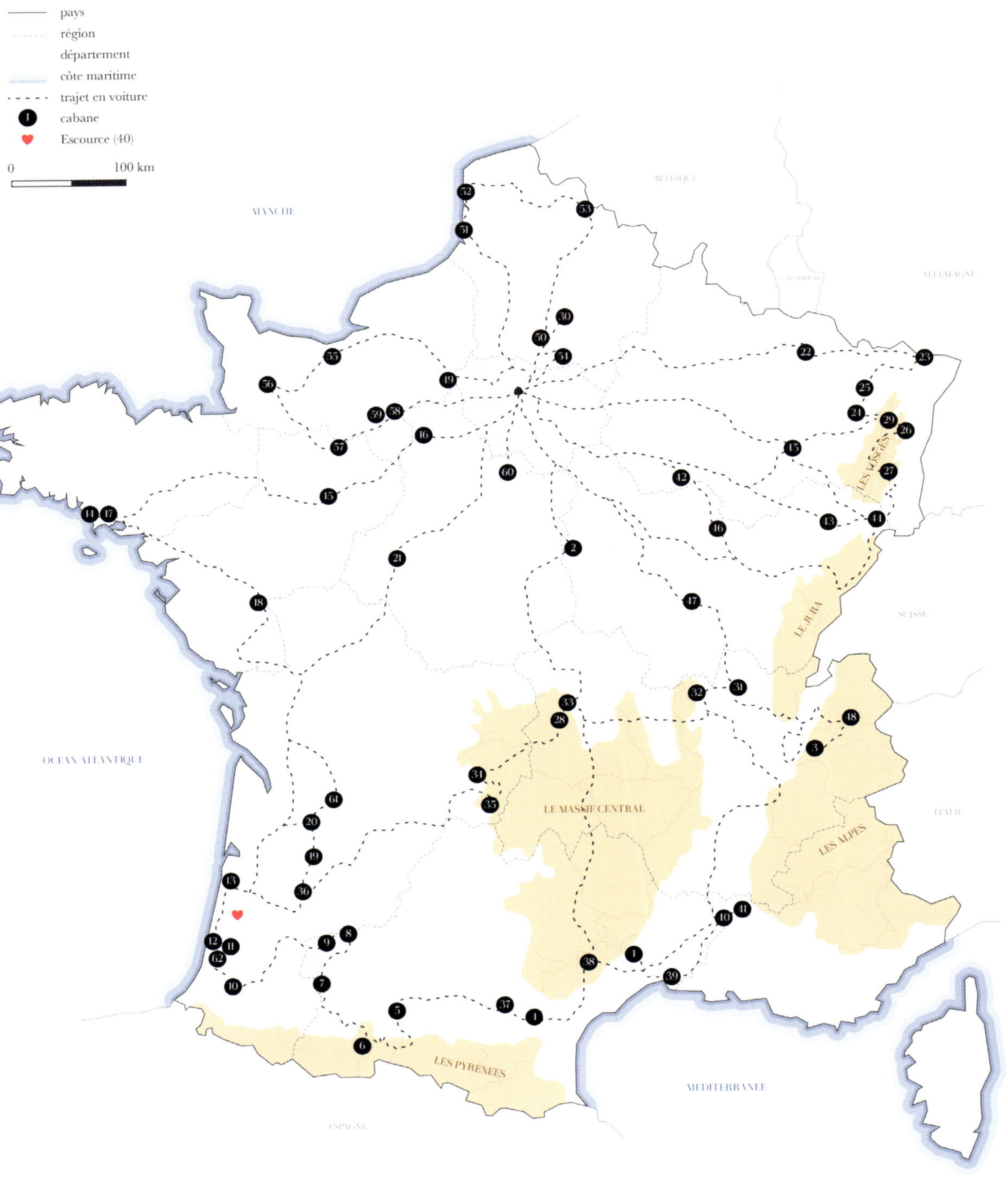
pays
région
département
côte maritime
trajet en voiture
cabane
Escource (40)
0
100 km
MANCHE
BELGIQUE
ALLEMAGNE
SUISSE
ITALIE
ESPAGNE
OCÉAN ATLANTIQUE
MÉDITERRANÉE
LES VOSGES
LE JURA
LE MASSIF CENTRAL
LES ALPES
LES PYRÉNÉES

Cabanes par régions de France

Occitanie

1. L'Étrier des Cabanelles
4. Dans les Bois
5. Arbrakabane
6. Pyrène
7. Ferme de Trencalli
8. Château des Fousseries
9. Emma & Loue
37. Domaine de la Vitarelle
38. La Hût
39. Nuits Salines

Nouvelle-Aquitaine

10. Roquehort
11. Coco Barn
12. Les Échasses
13. Slow Village
19. Moulin de Rioupassat
20. Château Champion (Parcel)
34. Domaine de Salagnac
35. Hêtre sous le Charme
36. Cap Cabane
61. Au Petit Bois
62. Landifornia

Pays de la Loire

15. Plessis
18. Terragora
57. Ferme des Alpes Mancelles (Parcel)

Bretagne

14. Kerforn
17. La Belle Folie

Normandie

49. Youza
55. Maison Villeneuve
56. Étape en Forêt
58. Country Lodge
59. Casa Rosalie

Hauts-de-France

30. La Réserve (Coucoo)
50. Grands Chênes (Coucoo)
51. Le Piloti
52. Bain de Forêt
53. Les Fresnelles
54. Bois de Rosoy

Grand Est

22. Domaine de la Résidence
23. Bleu Minuit
24. Pierre-Percée
25. Sainte-Croix
26. 48° Nord
27. Grand-Ballon
29. Nutchel
42. Domaine A. Bonnet (Parcel)
45. Cabanes de Vincent

Bourgogne - Franche - Comté

2. Les Galants
43. Grands Lacs (Coucoo)
44. Grands Reflets (Coucoo)
46. Pont-Roche
47. Les Cabottes

Auvergne - Rhône - Alpes

3. Là-Haut
28. Bois Basalte
31. Domaine de la Dombes
32. Domaine d'Archambaud
33. Natura Tazenat
48. Entre Terre et Ciel

Provence - Alpes - Côte d'Azur

40. Grands Cépages (Coucoo)
41. Dentelles & mont Ventoux

Centre - Val de Loire

16. Bois Landry
18. Loire Valley
57. Parenthèse

Kares Le Roy a passé ces quinze dernières années à voyager en Asie. À pied, à cheval, à moto, à l'arrière d'un bus ou dans son véhicule, il a sillonné les lieux les plus isolés et photographié les peuples parmi les plus méconnus d'Orient. À 42 ans, il a déjà à son actif des projets conséquents : trois livres (*56000 kilomètres*, *Ashayer* et *Iran Immortel*) et deux films courts (*Bajay* et *Berkutchi*). Depuis 2011, galeries, musées et grands hôtels, comme le Grand Palais à Paris, les Arts Asiatiques à Nice et l'Institut Bernard Magrez à Bordeaux, exposent régulièrement ses œuvres.

En 2019, après un travail quasi obsessionnel d'une décennie en Iran, Kares livre un recueil photographique consacré à l'ancien empire perse et présente une série de portraits, de scènes de vie et de paysages en hommage à son peuple. Entre poésie et mythologie, le photographe dresse avec une touche picturale qui lui est propre, un tableau mémoriel d'une culture qui tend à se dissoudre dans le monde globalisé du XXIe siècle.

Dès septembre 2020, après de longs mois de confinement et la naissance de son fils, il répond au signal magique et irrésistible de la nature. Le photographe se réinvente et son travail évolue vers une sensibilité toujours plus exacerbée. Tout en conservant la même rigueur, il part explorer la France, son pays qu'il a quasiment dénigré jusqu'alors, pour découvrir des habitats aussi simples que fascinants : les cabanes en bois. Perchées tels des nids sur les hauteurs d'un arbre, perdues au fond d'une forêt ou bâties sur le bord d'un lac, elles semblent sorties d'un conte pour enfants. Dans une vieille Jeep, en quête d'une liberté exaltante, il voyage en famille de cabane en cabane ; y passant souvent quelques nuits en rêvant d'y passer toute une vie. À travers ce nouveau livre d'une intime délicatesse, Kares se dévoile et met à nu des moments de vie personnels au milieu d'architectures envoûtantes. Un travail d'introspection qui lui a pris trois années et qu'il a nommé sobrement : *Cabane(s)*, pour marquer définitivement son retour à l'essentiel.

Du même auteur :

56000 kilomètres (2011 / Amu Darya)
Ashayer (2015 / Amu Darya)
Iran Immortel (2019 / Elytis)
Cabane(s) (2023 / Elytis)

Retrouver l'ensemble du travail de Kares Le Roy sur son site personnel ainsi que sur Instagram :
karesleroy.com + @karesleroy

Les livres, ainsi que les tirages Fine Art sont disponibles sur le site marchand de l'artiste :
amudarya.com

Pour suivre les aventures de la Famille Cherokee sur Instagram :
@lafamillecherokee

Charline Gerbault, compagne de l'auteur, publiera son guide sur les 100 plus belles cabanes de France à la fin de l'année 2024.

À Monsieur « Batane »
mon fils Ysma Sinbad Le Roy
qui me fait rire à longueur de journée
Merci pour l'inspiration

À ma bien-aimée
ma compagne Charline Gerbault
qui a mon respect éternel
pour avoir, entre autres, fait en sorte
que ce voyage puisse se réaliser

On est ensemble

À ma grand-mère et mon oncle
qui me regardent de là-haut
Construisez-moi une cabane en nuages
avant que je ne vous rejoigne

Amour sur nous

:+:

Achevé d'imprimer en août 2023,
sur les presses de l'imprimerie Jelgavas Tipogrāfija,
à Jelgavas, en Lettonie,
pour le compte des éditions
ELYTIS